如何构建
积极型学校

[美]史蒂夫·格鲁奈特 托德·威特克尔 著
Steve Gruenert Todd Whitaker

COMMITTING TO THE CULTURE
How Leaders Can Create and Sustain Positive Schools

中国青年出版社
CHINA YOUTH PRESS

图书在版编目（CIP）数据

如何构建积极型学校 /（美）史蒂夫·格鲁奈特,（美）托德·威特克尔著;（当代）黄珏苹译. —北京：中国青年出版社, 2023.2
书名原文：Committing to the Culture: How Leaders Can Create and Sustain Positive Schools
ISBN 978-7-5153-6881-8

Ⅰ.①如… Ⅱ.①史… ②托… ③黄… Ⅲ.①学校管理 Ⅳ.①G47
中国版本图书馆CIP数据核字（2022）第252684号

Translated and published by China Youth Press with permission from ASCD. This translated work is based on Committing to the Culture: How Leaders Can Create and Sustain Positive Schools by Steve Gruenert and Todd Whitaker. © 2020 ASCD. All Rights Reserved. ASCD is not affiliated with China Youth Press or responsible for the quality of this translated work. Simplified Chinese translation copyright © 2023 by China Youth Press.
All rights reserved.

如何构建积极型学校

作　　者	：[美]史蒂夫·格鲁奈特　托德·威特克尔
译　　者	：黄珏苹
责任编辑	：肖妩嫔
美术编辑	：杜雨萃
出　　版	：中国青年出版社
发　　行	：北京中青文文化传媒有限公司
电　　话	：010-65511272 / 65516873
公司网址	：www.cyb.com.cn
购书网址	：zqwts.tmall.com
印　　刷	：大厂回族自治县益利印刷有限公司
版　　次	：2023年2月第1版
印　　次	：2023年2月第1次印刷
开　　本	：787×1092　1/16
字　　数	：92千字
印　　张	：9
京权图字	：01-2022-4284
书　　号	：ISBN 978-7-5153-6881-8
定　　价	：49.90元

版权声明

未经出版人事先书面许可，对本出版物的任何部分不得以任何方式或途径复制或传播，包括但不限于复印、录制、录音，或通过任何数据库、在线信息、数字化产品或可检索的系统。

中青版图书，版权所有，盗版必究

致 谢

　　这是我和托德·威特克尔合著的第三本书。我们认识并共事了将近20年，我无法想象，如果不是跟他合作，这些书是否还能取得成功。大家都知道托德很聪明，而我知道他有多傻。正是他的傻成就了这些书。谢谢你，托德。

——史蒂夫·格鲁奈特

　　在教育文化方面，史蒂夫·格鲁奈特是最有见地、最博学的人。有幸能和他一起通过本书为教育工作者提供有效建议，对学校文化产生积极的影响，这是我的荣幸。

——托德·威特克尔

Contents

目录

序 言 —————————————————— **009**

学校文化对构建积极型学校的重要影响 / 011

这本书对构建积极型学校的指导作用 / 012

第 1 章　学校文化——构建积极型学校的软实力 —— **015**

学校文化是领导者的反映 / 017

文化：我们有什么，还是我们是什么 / 021

用梦想与愿景来塑造文化 / 022

氛围：观察学校文化的窗口 / 024

角色在学校文化中的影响力 / 027

如何冲破稳定的舒适圈 / 033

本章小结 / 035

第 2 章　打破影响学校发展的不利因素　———— 037

有害的文化是如何形成的 / 040

被操纵的假象 / 043

变革过程中常见的错误方式 / 048

盲目改变对学校文化发展的影响 / 054

学校文化的正确打开方式 / 058

如何选择恰当的时机 / 062

本章小结 / 068

第 3 章　建立基于信任的协作文化　———— 071

讲你的故事，让别人无故事可讲 / 073

建立信任——学校发展的第一要务 / 075

培养合作——让团队的力量势不可挡 / 080

如何让每个成员全身心投入 / 084

用希望淹没负面的噪声 / 086

一切皆有可能 / 090

本章小结 / 093

第 4 章　保持积极型学校的持续成长 ———— 095

牢牢把握学校社交关系网 / 097

消除负面情绪，建立高效能团队 / 102

怎样保留和支持创新的声音 / 105

　　寻找与过去守护者的共同点 / 106

　　尊重异类也是尊重个性 / 108

考虑周全地进行文化变革 / 114

避免过急过快地改变文化 / 119

本章小结 / 121

结　语 ———— 125
作者介绍 ———— 127
构建积极型学校的40条建议 ———— 129

Introduction

序言

> 所有人都是他们所属群体的信念与价值观的聚合体……当一群人的信念和价值观基本相同时,用"文化"一词来描述这种聚合会很方便。
>
> ——组织文化专家 艾德加·施恩

构建积极型学校,是所有学校领导者的共同目标,积极的学校文化是实现这一目标的必要基础。文化是一个宽泛而复杂的概念,对不同的人可能有不同的含义。学校文化是学校建筑的人格,这是我们对学校文化的一种认识。组织文化专家艾德加·施恩(Edgar Schein)说,"所有人都是他们所属群体的信念与价值观的聚合体……当一群人的信念和价值观基本相同时,用'文化'一词来描述这种聚合会很方便"(个人沟通,2019年1月

31日）。文化关乎我们是谁，而不在于我们有什么，因此文化很难改变。

文化是世代相传的信息，它告诉后代如何在环境中生存。这是我们对文化的另一种认识。当环境改变了，其中一些信息可能会过时。然而，可能出于骄傲、自负，或希望年轻一代不要犯他们曾经犯过的错误，老一辈人会继续灌输他们所掌握的信息，即使这些信息已经没有意义或没有帮助了。

随着深入挖掘文化的概念，我们发现，一群人所讲述的故事和所使用的语言传达了他们的集体信念和价值观，因此这些故事和语言是文化变革的通道和载体。在积极正面的学校文化中，领导者、教师和后勤人员会讲述学校如何帮助学生取得成功的故事。文化消极的学校至少在某些方面和文化积极的学校看起来很像。但这类学校中所讲述的故事更多围绕着如何幸存，在这里什么是行不通的，以及缺少校外支持如何迫使文化中的成员变得更强大（错误方式的强大）。如果学校领导者着手改变他们所讲述的故事，努力让消极的文化变成积极正向的文化，学校会办得更好。

我们写作本书的目的是帮助学校领导者构建积极型学校，把学校文化变得更积极正向，对那些希望能充分施展才能的人起到支持作用。记住，变革学校文化意味着全力以赴。你追求的不是教职员工行为上的遵从，而是需要他们百分之百的投入。如果你的目标不是这种程度的投入，那么你应该考虑暂时把文化变革放一放，着手开始改变态度或学校的氛围。把关注点放在学校氛围上并没有什么错,至少一开始可以这样做,但要记住最终的目标是文化。

学校文化对构建积极型学校的重要影响

教育文化分很多层:教室层面的、学校层面的、学区层面的、州层面的以及全国层面的。我们在本书中主要探讨的是学校层面的文化,因为它对学生的成绩和学校的业绩影响最大。

为什么不是其他层面的文化?首先,教室层面的文化太狭窄,教室的构成通常每年都会有变化。它更多的是学习者的社区,而不是文化,缺乏我们认同某一群体时所产生的强烈的归属感。其次,学区层面、州层面和全国层面的文化太宽泛。尽管教育局颁发政策,提供财政支持以及其他资源,监督着学区内的所有学校,但教育局对学校文化的影响并不像你想象的那么大。参观一个学区里的两所学校,你就会明白我们的意思。它们的年级水平可能相同,为相同的社区服务,获得相同的资金,教授相同的课程,但它们的教育方式可能非常不同。与之类似,州和全国层面的文化会影响资金,影响在学校里能做什么、不能做什么,但无论它们想实施什么样的政策,学校都会有自己的对策。

让我们回到学校层面的文化,逐步考察学校层面的文化如何最终影响学生的成绩:

◎ 学校文化决定了教职工之间的对话类型。

◎ 教职工之间的交谈决定了他们工作的投入程度。

◎ 教职工的投入程度会影响他们工作的效能。

◎ 教职工的整体效能会影响单个教师的效能。

◎ 单个教师的效能会影响传道授业的质量。

◎ 传道授业的质量会影响学生学习的效能。

◎ 学生的效能驱动着学生的学业成绩和课堂行为。

这本书对构建积极型学校的指导作用

在深入探讨之前,我们需要明确有关构建积极型学校的两点事实。

第一,当我们着手构建或改变学校时,几乎不可能是从零开始。只要人们彼此交往了较长一段时间,就会形成相应的氛围。

第二,只要我们试图塑造新的文化,就必然会带入一部分旧文化。新的文化充满了对未来的展望,但不可避免地混杂着过去的成功与挑战。在成为学校的员工之前,我们都上过学,有些人一直没离开过校园。任何人都会把自己的经验和性格带入新的环境中。如果新文化和旧文化差异太大,我们会努力寻求文化认同,这是我们立足于社会的根基。

为了让人们深入参与,我们不仅需要在文化上做出重大改变,而且需要依附于过去,引入一部分旧的文化。这有助于我们理解为什么文化如此抗拒持久的变革。在这本书里，我们会分析哪些因素可能会阻碍可持续的文化变革，哪些因素具有促进变革的作用。可持续的变革能经受住潮流的变迁，能经受住有害的思维模式以及其他威胁的冲击。

我们在第1章里深入探讨了学校文化的本质，包括愿景和氛围对构建积极型学校的重要性，以及过去与未来之间的冲突如何使文化停滞不前。在第2章里，我们探讨了哪些因素会造成顽固的消极文化，从而阻碍学校发展，如何改变这些文化，以及你所在学校的文化是否需要改变。在第3章里，我们探讨了如何创建积极正向的文化，以支持积极型学校的构建。我们应该采取信任、合作和投入等正确的途径，避免恐惧、竞争和屈从等错误的途径。最后，我们在第4章中提供了关于确保可持续的文化变革的建议，确保可持续的文化变革无疑是一项困难的任务。

我们在本书中提供的案例都源自我们在学校里的真实经历，不过没有使用真实姓名。我们希望这些小故事能帮助你理解我们的观点和方法在实践中是如何发挥作用的，让你看到每所学校在变革的过程中都会遇到障碍，也会取得一些成功。我们共同经历了这些。现在让我们开始吧！

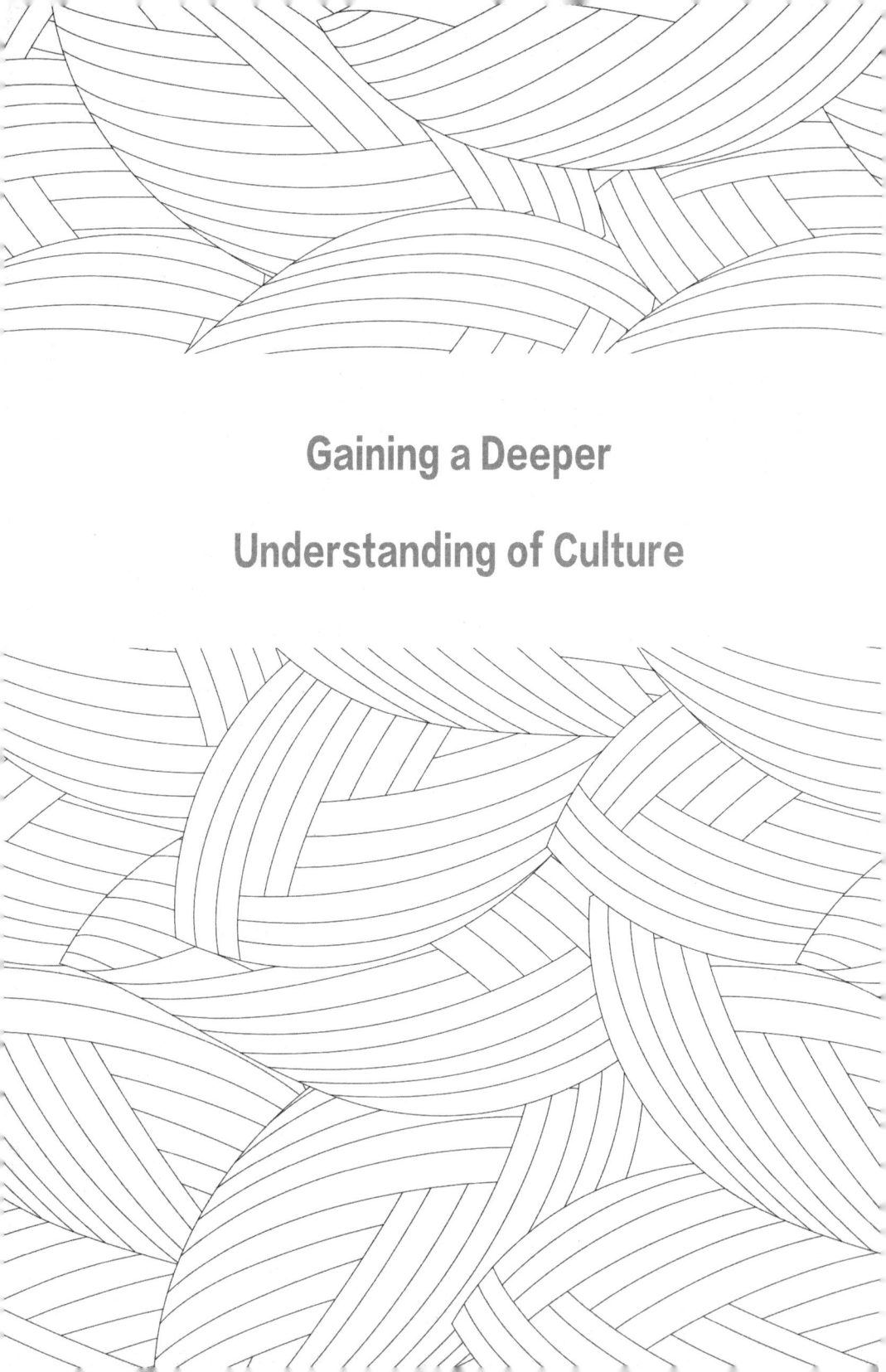

Gaining a Deeper Understanding of Culture

第1章

学校文化
——构建积极型学校的软实力

本章导读

在本章中,我们将深入探讨有关学校文化本质的问题,包括文化反映了什么,我们的思维模式会如何影响我们对文化的感知,诸如愿景、氛围,这些因素会如何影响文化,文化"电影"中的各种角色的影响,以及过去与未来之间的冲突如何使文化停滞不前。

学校文化是领导者的反映

> 研究显示,如果领导者年复一年什么都不做,或者做相同且无效的事情,那么学校文化会滑向消极负面。
>
> ——迪尔和彼德森

我们认为,改变一种文化需要5年时间,无论是好的改变还是坏的改变。5年之后,文化更多是领导者的反映,而非其他任何事物的反映。

表1-1总结了5年期间高效能的校长和不胜任的校长各自的优先事项,以及由此产生的学校文化。

表1-1 高效能的校长与不胜任的校长的对比

时间	高效能的校长	不胜任的校长
第一年	● 在学校里到处转 ● 倾听 ● 提出相关问题 ● 质疑无关紧要的自负 ● 与教职工交往	● 在学校里到处转 ● 做出指示 ● 回避 ● 被动应对

续表

时间	高效能的校长	不胜任的校长
第二年	• 倾听 • 提出相关问题 • 与教职工交往 • 授权 • 提出梦想	• 在学校里到处转 • 做出指示 • 回避 • 被动应对
第三年	• 倾听 • 培养 • 分隔 • 观察	• 在学校里到处转 • 做出指示 • 回避 • 被动应对
第四年	• 招聘 • 支持 • 宣传	• 在学校里到处转 • 做出指示 • 回避 • 被动应对
第五年	• 巩固 • 庆祝 • 倾听	• 在学校里到处转 • 做出指示 • 回避 • 被动应对
结果	积极正面的学校文化，能够吸引来优秀的教育工作者	消极的学校文化，招募和奖励的是不胜任的教育工作者

我们对不胜任的校长每年都在做什么的总结看起来可能很刺眼，但这确实是我们看到的情况。这样的学校不需要很费力就能形成消极的文化。研究显示，如果领导者年复一年什么都不做，或者做相同且无效的事情，那么学校文化会滑向消极负面（迪尔和彼德森，2010）。一些不胜任的校长

会白白花费精力在隔绝一些好的管理举措上，其实他们在构筑一堵墙，而且他们在墙外。我们设想这堵墙很像是戏剧中的第四堵墙①，它将演员和观众分开。有些人喜欢让这堵墙厚厚的，在他们和观众之间产生距离。然而另外一些人会打破这堵墙，以便和观众进行交流。当学校领导者感受到压力时，他们会创建这样的边界，目的是掩藏他们的弱点。荒谬的是，这堵墙并没有保护作用。如果学校领导者在感到压力时把自己和员工隔绝开，他会发现教职工不再信任他，甚至视他为敌人。

让我们探讨一下表1-1中总结的每一年：

◎ 第一年："到处转的领导"的理念是在20世纪90年代被提出的，意思是走出办公室，在学校里到处走走，和员工交流互动。比如不事先安排，临时听听课；和教职工进行简短的谈话，由此加强和教职工的关系，提升教育实践经验，促进学校文化发展。我们并不是说这种方法不好，但校长在到处转的时候做了什么是非常重要的。注意高效能的校长和不胜任的校长在最初的"到处转"之后，他们的工作重点是什么。有些校长长年累月毫无目的地转悠，只是形成了一种在进行管理的假象。

◎ 第二年：第一年之后，高效能的校长将工作重点从四处转悠转向

---

① 第四堵墙（fourth wall），简称第四墙，属于戏剧术语，是指一面在传统三壁镜框式舞台中虚构的"墙"。它的作用是试图将演员与观众隔开，使演员忘记观众的存在，而只在想象中承认"第四堵墙"的存在。——译者注

了目标更明确的行为，比如倾听、提出相关问题和授权等。这绝非偶然。他们是在有目标地判定哪些人、哪些问题是具有战略意义的。此时，蜜月期已过，阻力会变得很现实。不胜任的校长在第二年会继续四处转，回避冲突，貌似在和教职工沟通交流。

◎ 第三年：到此时，高效能的校长已经知道哪些教师是学校的未来，哪些不是。此时的工作重点是分隔，就是将所有与目标不相干的观点和个人意志置于"孤岛"上，这样它们就不会造成什么危害。这是一种社会分隔：领导者将想要进步的人和固守着过去的人分开，从而避免后者对学校的发展产生负面影响。

◎ 第四年：这是关键的一年，因为很多学校领导者会变得沾沾自喜，认为经过三年的努力，一切都步入正轨。然而，要想新的文化站稳脚跟，至少还需要继续努力两年（第四年和第五年）。此时，一些领导者会松懈下来，他们会换工作、退休或者获得升职。新的文化往往在第四年发生松动。不胜任的校长会认为第四年万事大吉了（如果他们能工作到第四年）。高效能的校长会继续加油，招聘、支持有能力、有干劲的教职工。

◎ 第五年：第五年是巩固成果的好时机，当然你不必等到第五年才庆祝你的成果。我们鼓励所有领导者庆祝所取得的每一点进步，哪怕是容易取得的小进步，因为它们都会使学校变得更好。在这五年中，以有意义、有目的的方式庆祝所取得的进步，能够加强学校文化建设，使它能够抗拒消极因素的影响。

文化：我们有什么，还是我们是什么

> 人类学家很久之前就知道文化的各个方面是相互关联的。他们还知道对于文化，牵一发会动全身。
> ——人类学家 爱德华·霍尔

有些人认为学校有什么，而非学校是什么代表了学校文化（格尔茨，1973）。这种差异乍看起来似乎纯粹是语义上的差别，但随着深入探究，我们发现它体现了思维模式上的巨大差异。当你认为你所拥有的就是文化时，文化就成了你可以放在一边的东西，或者你可以改变文化，而不会对你的行为或想法产生影响。相比起来，如果你认为文化代表了你是什么，那么它更加不可磨灭，更加难以否认或改变。

人类学家爱德华·霍尔（Edward T. Hall）写道，"人类学家很久之前就知道文化的各个方面是相互关联的。他们还知道对于文化，牵一发会动全身。"想一想生态系统，它具有无数相互依存的部分。与之类似，在人类学家和人种志学者的描述中，存在于我们头脑里的文化为我们提供"程序"，使我们可以解码周围的环境（霍夫斯泰德，霍夫斯泰德和明可夫，

2010；施恩和施恩，2017）。无论出现什么新事物，我们都会用现有的程序来解读。

无论我们用什么样的比喻来定义文化，其意义都很明确：文化是巨大而复杂的，你不可能只通过表面的改进来实现文化的显著改变。妄想能轻松快捷地改变文化的人把学校文化看成是他们所拥有的东西，可以像脱鞋一样脱掉文化。一旦他们厌倦了，他们会放弃，改弦更张。我们敬告你千万不要有这样的想法，这最终会导致你原地兜圈子，根本不可能快速达成任何目标。如果你认为文化代表了你是什么，慢慢地、由内而外地对它进行全面改造，那将会更有成效。

用梦想与愿景来塑造文化

> 清晰的愿景可以超越当下文化所禁锢的幻想，带领和鼓励人们走出盲目守旧的思想误区。
>
> ——格鲁奈特和威特克尔

梦想或愿景会影响文化。我们的头脑将幻想投射到现实上。梦想会让现实变得没那么令人难以忍受，会让我们以为一切还好。有时文化会构筑起梦想的大厦，让一些人相信必须改进某些想法和行为，或者是必须让它们继续存在下去。

只要一群人在一起相处久了,文化就会发生衍化。我们天生倾向于和他人建立联系。如果家庭、学校或各种团体不能让我们达成这个目的,那或许帮派、教会组织或社交网络能让我们和他人建立联系。无论我们决定认同什么团体,它都将决定我们是谁,谁是我们的敌人,我们会接受什么事实。我们加入的团体拥有它自己的"电影",我们会在其中扮演一些角色。大多数人认为旧电影是最好的,原有的方式依然有意义。

看一看你的教室和教学楼。这些地方和30年前看起来是不是没什么差别?教育界深陷在传统中,很难彻底改变。尽管研究不断揭示在学习方面新的认知突破,然而我们依旧一排一排地摆好课桌椅,给学生讲课,然后等待下课铃声。校友们希望他们的孩子接受和他们相同的教育。因为对新的更美好未来的愿景往往受到个人梦想的制约,这种梦想则受制于当下的文化。

为什么大多数学校文化所宣扬的未来和当下看起来很像?并不是因为他们不求上进。恰恰相反,旧的文化通过分享那些留存下来的人或者故事而得以延续。也正因如此,从某种意义来讲,旧的文化在阻止人们跟随潮流而改变。

但是,敢于冒险去探索未知领域很重要。无论一所学校现在有多好,如果没有对更好的未来的展望,如果没有前进的目标和方向,它也将无法更好地发展。愿景其实是人们之间的一种对话，是关于他们希望未来会怎样的对话。清晰的愿景可以超越当下文化所禁锢的梦想，带领和鼓励人们走出盲目守旧的思想误区。

氛围：观察学校文化的窗口

> 文化是一个团队的性格，是一个群体共同的信仰。有什么样的团队文化，就会有相应的团队氛围。
>
> ——格鲁奈特和威特克尔

让我们来探讨一下氛围的作用。人们常常将它和文化混为一谈，其实它们是两码事，但彼此相关。氛围是指示器，反映了大多数人的日常感受。这些感受通常是对外部刺激的反应。外部刺激可能包括某个事件、一周中的某一天，甚至某种天气等。相比起来，"文化是一个团队的性格，是一个群体共同的信仰。有什么样的团队文化，就会有相应的团队氛围"（格鲁奈特和威特克尔，2017）。如果某些情况只发生一次，那么它会影响氛围。如果它总是发生，那么它会成为文化的一部分。简言之，氛围体现了文化。

大多数的学校氛围具有一致性。当发生某些情况时，我们通常可以预测人们对此会有怎样的感受。如果火警警报响起，学生会笑起来，准备到教室外去会朋友,而教师们会因为上课受到打扰而感到沮丧。每个群体都会根据各自的文化做出常规的反应。

当学校有所改进时,氛围就会发生变化,人们也会抱有希望和期待。当我们感到学校已经在转角处变得更好时,一些通常会烦扰我们的小事似乎变得微不足道了。当学校正变得越来越好时,人们也会变得更有耐心、更加宽容、更加幽默,甚至错误也不能减弱士气。人们也会安于此处。我们可以通过人们日常的抱怨来判断一所学校的情况。如果人们是在抱怨天气或棒球队,那学校的状况可能相当不错。

氛围还能告诉我们,我们是否来到了一个消极的地方。一些微不足道的问题引发了大量争论。人们抱怨那些本不应该成为问题的小事,比如食堂里不冷不热的比萨,或者校园里戴着帽子的孩子们。如果领导者对人们的发泄置之不理,那么沮丧和失望会使群体间产生裂痕,充满消极情绪的人们就会结成一个负能量的组织。如果文化处于一个糟糕的境遇,那么再小的抱怨也会引发极为严重的问题。

在改善学校文化的过程中,团队的氛围是最能说明问题的重要因素。当学校领导者着手开始改变学校文化时,他们可以通过观察氛围来了解情况是否得到了改善,还是他们只是让教职工感到失望。

为了证明这一观点,让我们来看一个案例。我们曾经和校长加西亚夫人合作过。一次,她参加完全国性的会议回到学校,想和同事们分享她在会议中的一些收获，包括让教师们对彼此的教学进行非评价性观察。在教职工会议上，她分享了其他学校这样做的一些方法，希望一些教师能试一试，并问是否有人愿意尝试。几位教师举起了手。

加西亚夫人让自告奋勇的教师们带头拟订他们的方案，安排考察的时间，参与考察之前或之后的讨论，提出他们在考察中想发现什么，决定考察持续的时间，等等。她希望他们发挥自主性和创造性。然后她就没管他们了。她想通过氛围来了解这是否是个好主意，她观察教学楼里所有教师的感受，不只是参与考察的教师。他们是否在非正式的场合谈论这件事？按计划实施是否遇到了阻力？是否有更多的教师参与进来？学校文化是否在阻碍事情的发展？

没过多久，加西亚夫人就听到了好消息。她听说这个实验进展顺利，令她吃惊的是，又有几位教师加入进来。一位普通教师在走廊里告诉加西亚夫人，她非常感激几位老师抽时间帮助她，她并不知道是校长在推进这件事。这让加西亚夫人很高兴，这正是她希望发生的情况。他们不需要在教职工会议上讨论这个实验，也不需要在学校的刊物《周五焦点》(*Friday Focus*)上发表相关消息——目前还没有。学校文化在推动这项计划，只需要教师们口耳相传。在真正合作型的文化中，一些教师的讲述和分享会成为其他教师进步的基础。在这个案例中，氛围显示出参与这个项目的教师们感到非常满意。

这就是如何通过学校的氛围来了解文化。当我们希望新事物能成为文化的一部分时，我们不能仅仅通过命令或者预先设定的流程来强制执行。相反，我们需要悄悄地引导更高效的员工，让他们先参与进来。如果新事物有效，他们的接受程度会超出我们的想象。如果新事物效果不佳，那可能是时机不对，或者实施得太快、太激进了。或许这原本就不是一个好主意。

这确实需要耐心。周五奖励工作人员一些甜甜圈可能会暂时提升士气，但只有在很长一段时间里反复做一件事，才能使它成为文化的一部分。当没有人再在意这件事时，你就知道它已经成为文化的一部分。

角色在学校文化中的影响力

> 我们应该知道，无能的或消极的教师依然想成为高效能教师，应该消除驱使他们扮演坏蛋角色的影响因素。关键在于劝导他们放弃消极负面的角色，转而扮演积极正面的角色。
>
> ——格鲁奈特和麦克丹尼尔

我们经常用电影来类比学校文化，由此帮助人们理解这个概念。我们总是在为下一部电影试镜，但问题是我们将扮演什么角色。

学校雇用的每一位教师都希望成为学校里最优秀的教师之一。管理者无疑也希望是这样。然而，大多数新教师最终只是成绩平平，有些还达不到平均水平。任何人都不会想要做一名无能的教师，但这种情况确实发生了。无能的教师在学校文化中也有他们的作用，这似乎有违我们的直觉。

关于这个主题的一篇论文（格鲁奈特和麦克丹尼尔，2009）写道，许多我们想解雇的无能教师从没想过会这样，他们只是扮演了学校电影中消极负面的角色。毕竟为了有戏剧张力，大多数电影需要"坏蛋"。我们并不主张解雇坏蛋，而是建议改变学校电影里的角色，使坏蛋不存在。我们应该知道，无能的或消极的教师依然想成为高效能教师，应该消除驱使他们扮演坏蛋角色的影响因素。关键在于劝导他们放弃消极负面的角色，转而扮演积极正面的角色。但是，在糟糕的学校文化中，你是没法做到这一点的，因为糟糕的学校文化会让你觉得当下的电影已经相当好了。

在详细阐述一些教师所扮演的消极负面角色之前，我们先来看一看好学校里积极正面的角色。在好学校里，并不一定所有这些角色都有人扮演，但在阅读每一条描述时，你的头脑中可能会浮现出一些教师的面孔：

◎ **劳模型**是具有无与伦比的职业道德的教师。这并不意味着他们总是早早到校，很晚离开，而是他们总想着可以做出什么改进，可以尝试什么新方法，乐于和其他教师分享想法，随时随地做记录。对这类教师来说，学无止境。

◎ **支持者型**是那些通过帮助别人来激励自己的教师,即使那些人比较消极。这类教师总是愿意多花点时间陪着学生,以确保学生家长出现;或者当同事给大家做了精彩的演讲时,他们会由衷地微笑。

◎ **英雄型**是能够将别人负面情绪的影响降到最低的教师。在别的教师负面情绪即将爆发之前,他们会和这位教师进行眼神交流,用身体语言阻止他的负面情绪的爆发。我们在工作中不常看到英雄,但我们知道哪些人是英雄,也能感受到他们带来的"社会安全感"。

在学校里教师们扮演着众多积极正面的角色,我们只列举了几种。这些人之所以存在,是因为学校文化重视他们,同事们需要他们。在优秀的文化中,扮演这些角色的教师人数众多,不会只是一两个。

现在让我们看一看不胜任的教师会扮演的一些角色。抗拒改变的学校文化会让这些人受益。在这类学校电影里,这些消极的教师总能为自己的角色找到支撑:

◎ **社交达人型**是要让每个人都过得开心的教师。作为教师,他们的业绩不佳,为了让自己变得有价值,他们会给同事带来食物、送上生日贺卡、关心他们的家人、同情遇到困难的人、协调各种社交活动等。社交达人型知道他们并不是一个称职的教师,因此会拉拢相关联的人(比如后勤人员、老教师、家长、董事会成员),这样在教师评估的时候,会有一些人支持他们。

◎ **搞笑达人型**是让同事们开怀大笑并快速得到认可的教师。无论在正式或非正式的聚会上,他们总有现成的笑话,虽然有时这些笑话并不得体。他们挑别人的错,笑话别人的失误。他们发现,当搞笑达人,能帮助他们避免因为被发现是无能的教师而感到不安。

◎ **爆料大师型**就是觉得有必要让每个人了解每一件事的教师。他们成天分享故事,这些故事是否真实并不重要。他们给任何愿意听的人描述事件、场景以及其他人犯的错。任何渴望内幕消息、好奇学校里谁在做什么的人,都能从他们的故事里得到满足。他们被看成是重要信息的来源,这避免了对他们教学业绩差的批评。

◎ **家乡之星型**的教师,他们就在这个社区长大、上学、获奖,曾经给社区带来过无数荣誉,他们是深受爱戴的教师或教练。他们会讲述精彩的故事,享受着名人般的地位。学校依然陈列着他们的奖杯,流传着他们一战成名的故事。由于学校和社区里的人都想亲近他们,因此哪怕他们的教学根本不达标,他们也不会有错。

让我们看看某些人为什么会扮演这些角色。设想一名新教师努力想获得老教师的认可。他设法取悦这些老教师,发现自己可以让他们欢笑,这让他感觉自己被接纳,好像成为大家庭中的一员。这就形成了搞笑达人型的角色,很快这也成为其他教师对他的期待,其实这并不利于他的本职工作。他津津有味地扮演着这个角色,由此带来的称赞甚至会让他忘记学校聘用他的真正原因。

你的学校里是否有这样的教师，他们并不胜任，但因为教学以外的其他原因而受到保护？他们可能在扮演我们所描述的一种角色。再次申明，我们的目的不是解雇这些教师，而是消除电影里这些消极负面的角色，修改这些教师的剧本。

在我们合作过的一所学校里，校长在就职的第二年注意到少数老教师没有做多少工作，但很受教职工和社区居民的尊敬。他们会及时赶到学校来上自己的第一堂课，并且每天下午设法赶上停车场外的公交车。在课堂上，他们会让学生安静而忙碌，但几乎什么都不教。他们看起来有恃无恐。

在这位校长看来，管理者对这些教师突然发起的任何质疑和挑战似乎都会是错误的。我们疑惑这些教师来学校的主要目的是否是为了能获得一种权限，既可以来去自由，又没人干扰他们怎么上课——也就是"自由教学"。如果真是如此，那是因为学校文化鼓励他们这样做。达到这种程度并以这种方式行事在这所学校可能意味着声望和威信。

这位校长不希望这种状态继续下去，但她没有直接面对这些教师，而是让文化发挥主要作用。我们发现一些领导者在拥有了支持系统（人脉）之后，往往会做事激进。这所学校里的一些老教师并不支持这种行为，他们更愿意和校长探讨这种行为的根源，以及谁是这种消极行为的"保护伞"。在这些非正式的讨论中，校长逐渐允许这些老教师对少数老教师的消极行为发起挑战。

你可能在疑惑他们是怎么发起挑战的。这些老教师会把那些懒散消极的教师揪出来，打一顿吗？会把他们的汽车轮胎扎破吗？不会。首先，他们在这类教师中找出相对不那么消极懒散的教师，和他交往。然后，他们和这位教师成为朋友，逐渐占据他通常和其他消极教师交往的时间，使他们之间形成社交距离。后来，这位"皈依"的教师帮助这些老教师找到下一位不那么消极懒散的教师。最后，消极群体里的教师越来越少，他们那种行为方式不再受人追捧。

扮演消极角色的人在学年之初（或职业生涯之初）会找各种借口，以逃避业绩不佳的责任，并抗拒别人对他们不胜任的指责。这些借口包括：

◎ "我太忙了。"

◎ "校长不公平。"

◎ "我那样试过很多次，总是不成功。"

◎ "我已经这样做了很多次，总是奏效。"

◎ "这些学生根本不在乎。"

◎ "我那天约了牙医。"

◎ "这不是我的错。"

请记住，这些虽然是电影剧本里的台词，但它们不是某个演员所独有的。即便你换掉这些人，这些角色还存在，还会有其他人来扮演这些角色。

即使这些教师离开了学校,他们的故事还会流传在走廊、休息室或停车场里。其他教师会记住以前那些不胜任的教师得到过哪些实惠,并且也想获得这些实惠。新来的教师听到这样的故事会问,"这是真的吗?我们在这儿可以这样做吗?"学校领导者要想创建积极强大的文化就需要找出这些角色,因为现有的文化会设法让这样的故事留存下去,让角色保持不变。

如何冲破稳定的舒适圈

> 过去的守护者和寻求改变者往往目标一致,他们只是需要认识到偶尔的不稳定是有益的,这可能提供形成更好的新文化的机会。
>
> ——格鲁奈特和威特克尔

我们知道文化会努力维持现状。这是因为一些人头脑中都有一个声音在说,为了守护未来,应该以过去作为决策的唯一参考点。我们把这个声音称为过去的守护者。过去的守护者也可能是学校里某些人所扮演的角色,他们对改变充满了怀疑,他们以过去作为标准,努力让学校里积极正面的传统继续保持。在任何地方,未来都充满了不确定性,而过去是确定的。当一个群体需要做出艰难的或史无前例的决定时,他们常常会在过去的经历中寻找解答。无论接下来发生什么,都应该看起来像已经发生过的事情。

他们认为可预测性等于稳定。

文化鼓励稳定是坏事吗？对有些人来说，内在的这个声音有助于他们找到让工作变得轻松的方法。例如，有些教师发现，故意培养学生消极的态度能让工作变轻松，他们通过做一些不受学生欢迎的事情来增加教师和学生之间的距离，比如经常搞突击测验。如果学生对你不满意，你就不必在你们的关系中投入情感。还有一些教师发现，以不负责任的方式培养学生积极的态度能让他们的工作变轻松，比如打分的时候手比较松，或者放纵一些行为。哪个学生不喜欢想和学生成为朋友的教师或竭尽所能避免冲突的教师？想象你是学生，来到学校，知道老师很好说话，你就可以不完成那些困难的作业。如果这两种方式中的一种是文化的一部分，那么工作太简单了，而且这种行为会在无形中得到奖励和支持。

过去的守护者会判定哪一部分过去将被用来指导未来的行为。这个声音提醒人们，他们过去是怎么做的，重复过去的做法更好，还是采取不同的做法更好。正如我们将在第4章中看到的，过去的守护者和寻求改变者往往目标一致，他们只是需要认识到偶尔的不稳定是有益的，这可能提供形成更好的新文化的机会。当学校领导者意识到守护者声音的重要作用时，便可以好好利用它，以支持学校为了实现改进而制定的各项举措。

文化变革可能带来的最大威胁之一是会改变人们的社交方式。正如格伦尼（Grenny）及他的同事所提出的（格伦尼、帕特森、马克斯菲尔德、麦克米伦和斯威策，2013），"为了使人们摆脱被现有社交网络不断强化的习惯，必须使他们与固有关系网脱离开，把他们置于新的社交网络中。"领导者可能有必要考虑改变现有体系中的一些结构，由此对社交进行重新洗牌，比如改变计划时间，重新分配特殊任务，或者重建委员会。这样，你可以在高效能教师和无能的教师之间制造距离。有人曾经问我们，让优秀教师和不胜任的教师组对，是否能纠正后者。我只能说这样做存在太多不确定性，没法保证取得积极的结果。

本章小结

在本章中，我们从多个角度探讨了文化对学校的影响。我们希望你对文化有了更深入的理解，以便日后在改进文化时，你会更有威信，更有成效，减少挫折。

人们害怕改变，改变文化就是改变组织性格的一部分。然而改变也会令人振奋，驱使人们共同解决新的问题，建立新的关系，甚至犯新的错误。

积极正面的文化，重视能带来学习和成长的错误。相比起来，有害的文化会阻碍变革，不惜一切代价地隐藏错误。我们会在下一章中探讨有害的文化是如何形成的，以及为什么改变它们会如此困难。

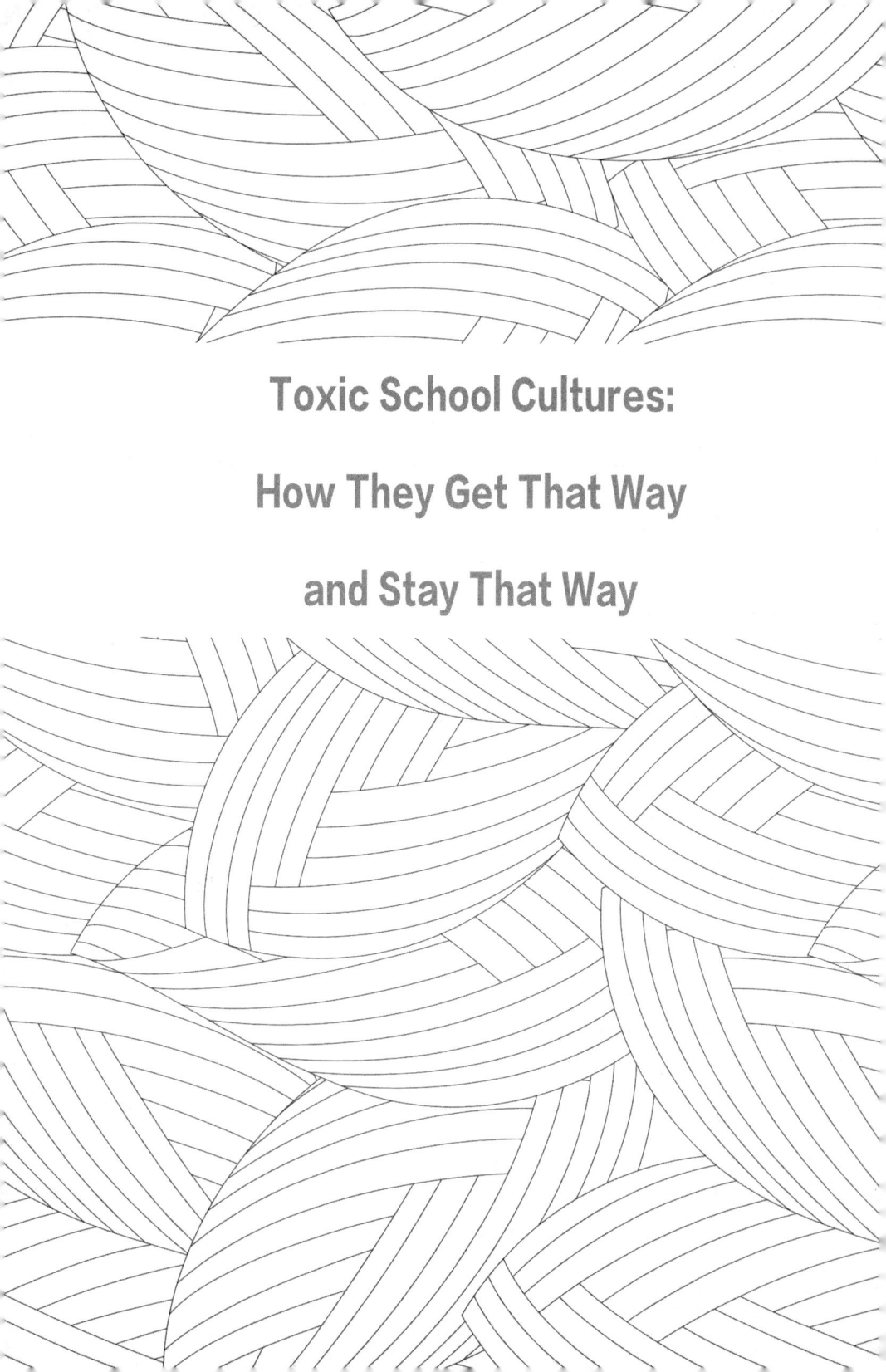

Toxic School Cultures:

How They Get That Way

and Stay That Way

第 2 章

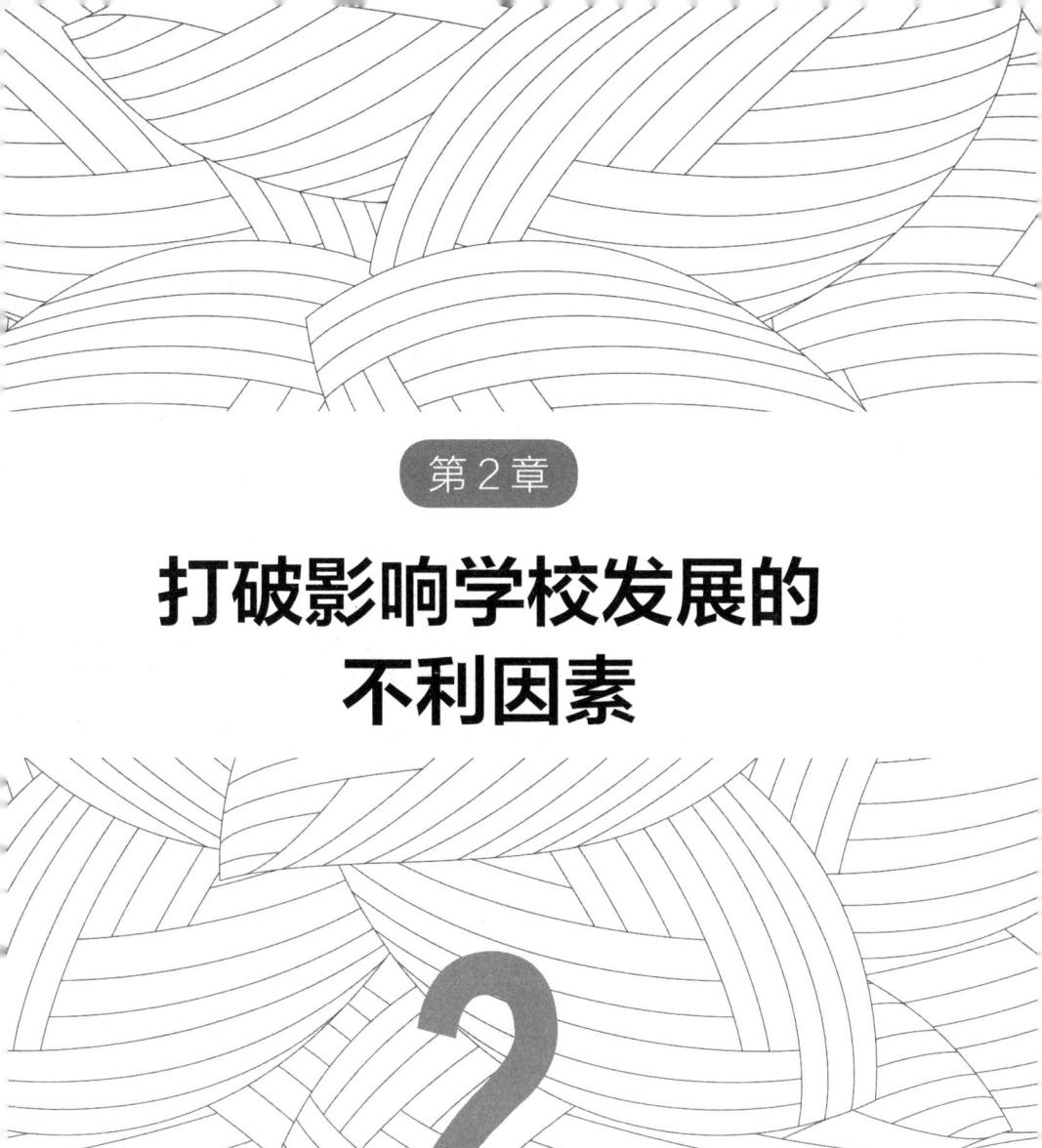

打破影响学校发展的不利因素

本章导读

学校领导者在改进的道路上最常遇到的障碍,也是最难克服的障碍之一是有害的文化。我们在很多学校文化中看到了非常顽固的破坏性,在探究是什么造成了这种顽固的破坏性之前,让我们先来区分一下有害的学校文化和消极负面的学校文化。在很多学校里,这两个词是可以互换使用的,似乎消极负面是有害性的一种形式。然而它们并不是一回事,当我们理解了其中的差异时,我们就能更有效地应对每一个挑战。

消极负面的教师似乎总是对新思想和创新持否定态度。尽管他们对学生的成绩很上心,希望周围居民认可他们的学校,但他们比较顽固,不愿意改变。

相比起来,有害的教师会煽动其他教师形成集体的不良心态,不忠于学校使命,不尊重学生和家长,每当提及改进,他们都会为自己辩护。与消极负面的教师不同,有害的教师只在乎自己,尽力在面对新思想或新计划时保全自己。有害的教师心怀怨恨,他们在学校和社区里悄悄散布不良言论——在这个倒霉的地方，唯一的生存之道就是加入他们的帮派。因此，所有有害的教师都是消极负面的，但不是所有消极负面的教师都是有害的。

在本章中，我们将打破影响学校发展的不利因素。我们将探讨有害的文化是如何形成的；在试图改变这种文化时，不应该做什么；以及如何判断一种文化是否真的需要改变。

有害的文化是如何形成的

> 当教师们为了解决共同的问题而聚集起来时,往往就会形成亚文化。如果管理层不能消除教师们对某个问题的不安,就会有一群教师以他们自己的方式来处理这个问题。
>
> ——格鲁奈特和威特克尔

以下案例说明了有害文化的形成方式。

在学年初的第一次教职工大会上,新校长提出要在学校的管理模式中引入积极行为干预与支持(PBIS)系统。在休息时,几位教师聚在走廊上,谈论着PBIS系统。一名入职不到一年的教师站在附近,假装发短信,其实是在听这些教师的议论。他们的议论是这样的:

教师甲: 你们怎么看积极行为干预与支持的新计划?听起来要干的事情可不少。我们有很多不守规矩的学生,但为什么必须是我们去改变呢?难道不应该是学生向我们证明他们有能力做好,然后我们再采取行动吗?如果管理层继续执行现在的纪律管理制度,并且加大惩罚力度,也许我们没有必要去调整现在的做法。

教师乙：在我看来还会是老样子。这只不过是一个新潮流，会像过去很多的潮流一样销声匿迹。自以为无所不知的新校长会像前几任校长一样走人，我们等着就好了。你说得对，校长只需要加大执行力度，不需要搞个新东西出来，强迫我们改变。过去，学生胆敢斜着眼睛看教师，校长就会停他们的课，回到家，家长会修理他们。这才是我们需要的，而不是一些感情用事的、参与有奖的新玩意。如果我们都拒绝新政策，或者干脆忽略它，他们能拿我们怎么办？

你能分辨出哪个教师是消极负面的，哪个教师是有害的吗？教师甲把过去的方法作为应该小心行事的理由，而教师乙把过去的方法用作武器。教师乙在招兵买马，如果他能拉拢到足够多的人，就会形成一支亚文化军队，由此造成新的有害的学校文化。

当教师们为了解决共同的问题而聚集起来时，往往就会形成亚文化。如果管理层不能消除教师们对某个问题的不安，就会有一群教师以他们自己的方式来处理这个问题。教师乙用下面的对话在第二天拉拢了两位新教师。

教师乙：嗨，新手教师的日子好过吗？孩子们还没把你们逼疯吧？今年我们确实有些特别的情况。

新教师A：大多数时候还好，但午餐之后，和放学前最后一小时真的觉得很累。当教师比我想象的难多了。

教师乙： 等着瞧吧，情况会变得更糟，而不会变好。你去过食堂吗？那就像没有管理员的动物园。以前学生都被安排好座位，不许交头接耳，但这位新时代的校长相信疯人院应该由病人来管理。这就是为什么学生们在午餐后会失控。过去根本不像这样。学生像士兵一样整齐地列队进出食堂。

新教师B： 开学的第一周还好，但现在学生好像不那么尊重我了。我不知道该怎么做才能让他们在课堂上安静下来。

教师乙： 你其实什么也做不了。在校长好好收拾这些坏蛋之前，你只能默默承受，并希望他们中的一些人在感冒和流感季节时会缺席。当然，那些孩子往往出勤率很高。

这两位新教师听得目瞪口呆，他们的信心被进一步削弱了。他们垂下了肩膀。

教师乙： 你们听说校长想让咱们实施的PBIS的新计划了吗？你们以为现在的情况很糟糕，我保证新计划会让你们更崩溃。教师的责任会更多，管理层的责任减少了——他们就想要这样。当你把一个多嘴的臭小子送进他们的办公室时，他们什么也做不了。现在他们希望你把那个多嘴的臭小子留在教室里，帮助他"改邪归正""学会自我控制"。哈，我告诉你吧，在我看来，PBIS肯定是一个糟糕透顶的主意。

随着这几位教师不断地私下交流，他们成为盟友，谈论着如何应对校长疯狂的计划,这暂时缓解了他们的不安。和同事凑在一起讨论如何进攻或如何防御,让人感觉很好。这些交流当然是秘密的。很明显,他们这么做并不是为了讨论PBIS相关计划的执行方法,或者如何面对它带来的挑战,而是为了缓解由此给教师们带来的不安。私下交流,在公开场合眨眼或点头示意,让这些教师感到宽慰,就像亲人一样。这种方法成为他们未来遇到的大多数问题的解决方案。就这样,有害的文化诞生了。

被操纵的假象

> 这些表演者能熟练地驾驭文化,貌似产生了积极的影响,微妙地为他们自己在变革中保留了一个安全的位置。
> ——格鲁奈特和威特克尔

既然有害的文化这么容易形成,那为什么不容易根除呢?如果教师们都像教师乙那样有足够的影响力,他们会让我们沉浸在有害的叙事中,渗透到我们日常生活中的方方面面,以至于我们意识不到自己已经深陷其中。有些教师会营造出很有效率的假象,其实他们毫无成效。这也是有害文化如此顽固的部分原因。这些表演者能熟练地驾驭文化,貌似产生了积极的影响,微妙地为他们自己在变革中保留了一个安全的位置。

他们所营造的幻觉是关键。思考一下，在社会中，我们投资一些东西，相信它们会让我们看起来更苗条、更强壮、更聪明、更富有、更年轻或更有魅力。营造这些幻觉会让人产生符合社会预期的自信感。在西奥迪尼（Cialdini，2018）创作的关于影响力和说服力的著作中，他分享了如何让人们在接收到信息之前就处于接纳的状态。他研究了如何营造幻觉，由此说服他人按照某种方式行事。以下6种施加影响的"武器"能创造条件，以影响他人所感知的现实。

◎ **社会认同**：其他人都在这样做，因此我们也应该这样做。

◎ **一致性**：我们一直都是这样做的。

◎ **互惠**：如果我们帮他们一次，他们就欠我们一个人情。

◎ **稀缺性**：我们是唯一能做这件事的人，所以他们不得不网开一面。

◎ **偏爱**：如果我们能成为朋友，他们对我们的期望就会更宽松。

◎ **权威**：如果别人认为我们是专家或权威，他们就会听我们的。

教师们较少使用权威这种武器，因此我们将探讨前5种武器。让我们来看一看这些武器在课堂上是如何部署的，使得一切似乎都妥妥当当，但学生们几乎学不到东西。文化导致了这种现象，并放纵这种现象的发生。

社会认同。我们发现一些无能的教师倚仗法不责众。如果问题被提出来，或者教师的做法受到质疑，典型的反应是："其他老师也在这么做，为什么要针对我？"群体的影响力似乎证明了这种做法的合理性。

这些教师也许会拿轶事支持他们的观点，例如，他们指出一两位"批评不得的"教师也非常依赖授课。这个例子具有误导性：有问题的不一定是这种方法，而是教师没有正确实施这种方法，因此毫无成效。使用社会认同的教师都很擅长讲故事，他们用故事证明自己的观点是合理的，把借口变成了理由。专注于结果而不是方法可以将对话重新转移到真正的问题上。

一致性。在这种方法中，教师们把过去的成功作为20年后应该继续这样做的理由。社会认同的内涵是现在每个人都在这样做，而一致性的内涵是过去每个人都是这样做的，所以让我们继续这样做吧。

如果学校的学生大多数来自社会经济地位较高的家庭，那教师会尤其抗拒改变，因为相较于学生主要来自社会经济地位较低的家庭的学校，这些学校的测验分数或其他传统的衡量指标更有可能显示学校办得挺"成功"。在这样的学校里，学生是教师的挡箭牌。大多数时候，"美好的旧时光"并非真的那么美好，但当一个人长期以来一直很成功时，他或她的故事被用作例子就会很有说服力。在这种情况下，改变的努力不应该集中在教师的做法是否足够好上，而是他们是否尽力做到了最好。做出这样的思维转变会对固守过去的文化产生巨大影响。

互惠。有些教师认为，如果他们给别人一些好处，别人就不会严格地评价他们了。比如召开专业学习型社区会议时，他们给老师们带去巧克力蛋糕，就不会有人注意到或者在意他们缺乏教学技能。每所学校都至少有一位这样的教师，他们不太胜任，但总是乐于提供帮助、提供建议或做些好事，比如自愿参加一些不受欢迎的活动或委员会，帮同事代课，或者分享教案。如果足够多的人欠这位教师足够多的人情，那他或她的教学能力就算没有被完全忽视，也变得不那么重要了。

这样的例子很多。57岁的前橄榄球四分卫，多年来教学不力，他利用在社区里的人气或通过影响曾和他在一支球队里打球的董事会成员，来换取其他教师的偏袒。如果一位教师在你的猫咪死去的时候给你发了一条感人的消息，赞美你的教学（哪怕没听过你的课），或者在你忙不过来或感到疲惫时帮你照看你的班级，你很难不对这位教师手下留情。成功的课外教练或啦啦队资助者在课堂上可能不那么有活力或效率较低，或者很少为委员会出力，但当他们真的来参加会议时，一定会让你知道你在占用他们的时间，你欠他们的人情。

西奥迪尼告诉我们，没人喜欢欠人情，为了还清人情，我们有时还的比欠的更多。互惠作为一种武器，含蓄地使用会达到最好的效果。运用这种武器的教师会给人留下他们乐于服务大众的印象，只有在他们有求于你的时候，才会提醒你他们曾给予过你好处。破解这招的方法是，无论他们提供了什么服务，马上对他们表示感谢，以防他们把它记入他们的"人情账户"。

稀缺性。能提供稀有服务的人会利用这种稀缺性来获得影响力。例如，在教育领域，他们可能是教某个科目的教师，而有资格教这个科目的人比较少。一旦他们被聘来填补这样的空缺，他们会觉得自己的职位有更高的价值，因此谁也动不了他们。如果一名教练并不擅长做教师，甚至是个令人不快的人，但他每年能把运动队带进全国比赛，那么对于学校来说，他的价值已经弥补了他教学技能的不足——他也知道这一点。有些学区和地区甚至给某些学科制定了不同的薪酬标准。为了吸引必要的教职人员，这种做法似乎是合理的，但薪酬差距有可能对学校文化产生严重的消极影响。

当领导者陷入这种两难境地时，一定要记住永远都存在着其他选择。领导者永远不应该感到束手无策，以至于不能采取正确的做法。为了聘用到稀缺教师确实会花费更多的精力，但即便这样也不能掩盖其他教师的重要性。稀缺性只会更加强调高效能领导和积极正面的文化的重要性，这样各个岗位的好教师才会选择留下来。

偏爱。如果可以和校长一起去钓鱼，我打赌在我管理不好学生时，他会睁一只眼闭一只眼。你看出这种武器的作用了吗？它认为和老板交朋友会带来好处。一名无能的教师可能会和校长一起为芝加哥小熊队欢呼，一起打高尔夫，和校长拼车带孩子去参加足球赛，或者做其他可以拉近和校长关系的事情。友谊很容易帮他避开有关教学效果的严肃谈话。

老师们都知道，如果他们对学生太友好，会很难严格要求他们遵守纪律。对于跟学生保持怎样的距离，每个老师可能有不同的标准，但他们都知道为了有效的课堂教学，他们不能跨越这条红线。对于校长和教师的关系，这一条同样适用。有些教师对学校的发展非常重要，但如果他们被认为是校长的宠儿，那他们的影响力会很快减弱。你可能会想到一个喜欢运动的资深男校长经常和喜欢运动的资深男教师在一起。如果这些教师很优秀，那问题不大，但如果他们不优秀，那他们和校长的关系会损害校长的可信度，损害教职工的士气。

这5种武器之所以能发挥作用，原因有几点。第一，我们都是普通人，容易受到这些方法的操纵。第二，有害的文化使然。如果学校里有很多无能却资历深的教师，那很可能不少教师在玩这些影响力的游戏。如果这类游戏很普遍，那就没有人能看出他们的真面目。文化会让这些方法看起来很正常，无能的教师将获得超越其教学能力的重视和影响力。

变革过程中常见的错误方式

> 在恰当的情况下，人们可能会被引导或被强迫购买他们本不需要的东西，或者接受从未经过检验的观点。
>
> ——西奥迪尼

现在我们知道了有害的文化是多么容易形成，而且一些因素使它们得以维持。你可能已经想到了，变革这种文化绝非易事。我们看到很多大胆自信的管理者试图破除这些有害的束缚。在第3章和第4章中，我们会探讨如何有效地变革有害的文化，但现在我们将仔细分析一些不太成功的方法，这些方法常常被领导者们所使用，他们致力于创建更好的学校文化，但它们往往只是产生了短期效应。在这部分中，我们会介绍这些方法是什么，并解释为什么它们达不到最终效果。

允许个性凌驾于思想和价值观之上。个性驱使的变革往往靠不住。例如，代表价值观和信念的"斗士"似乎是领导变革的理想人选。但如果这位斗士改了主意或者离开了学校，那会发生什么？或者，对现存顽固的文化有深入了解的人貌似对变革做出了有意义的贡献，从而为自己赢得一席之地。与其让个性来主导变革，还不如把重点放在思想和价值观上，因为这两者不会被轻易否定或失效。赞美英雄，支持同事，但不要依靠某种个性去改变未来。

用文化来推销计划。警惕文化被硬塞进一些服务或产品，被作为推销这些产品或服务的卖点。为改进学校提供好计划的报告或出版物，在引入文化概念时，可能把它作为另一个会受这些计划影响的独立变量。如果承诺或声明以"……和文化"结尾，那么，这暗示文化是为了增加销量而引入的一种题外话或后添加上的东西。决定文化会变得更好还是更糟的是人，而不是计划。

没有形成跨社交群体的对话。在所有学校中，人们都会交谈，哪怕是内向的人。大多数成年人有他们喜欢交往的群体。这些群体往往会形成社交边界，或非正式的社交筒仓（鲁尼和萨巴莱克什米，2014）。在很多学校，新的想法停留在其所产生的群体内部。即使领导者在全员参加的会议上提出一些新想法，人们通常的做法是回到他们私人的小群体里，议论新想法的价值。如果领导者尝试着执行新想法，教师们会在他们的小群体里分享尝试的结果，他们的结果很少会影响其他群体。即使计划顺利实施，教师们也会在他们自己的小群体里进行庆祝。不幸的是，这种行为是很多学校里的常态，它将本来进行跨群体经验分享可以带来的成长，扼杀在萌芽阶段。教师们不知道学校里的其他教师在做什么，这是一个危险信号，说明文化没有发挥它应有的作用。

匆忙启动文化变革。当全国的或州的教育会议拉上帷幕时，很多学校领导者会急切地把新想法带回学校，并开始实施。对新想法充满激情是好事，但如果每一次会议都提出一个重大的新倡议，并伴随着大型启动活动，宣布新文化的到来，那状况可能并不会发生好转。最好的情况是，文化会通过一些方式让庆祝显得很愚蠢。最糟糕的是，它会让所有的努力都白费。文化变革需要非正式的交流和谋划，而非大张旗鼓的宣扬、标语、演讲、蛋糕或击掌相庆。当借助"外物"来推行一个新想法时，我们会忘记这些外物将来可能会消失，届时人们就会失去坚持新行为的动力。如果变革本身就是很棒的主意，那它就能自我推销。

投入大量资源。类似前面提到的问题，只是为文化变革投入精力和资源是没用的。我们没法购买人们的价值观和信念。我们需要了解什么对他们来说很重要，我们如何能保护这些事情。我们需要了解，当他们的努力看起来没有效果时，他们会尽量保护什么。津贴、假期、新职责，甚至是全新的教学楼，都不会改变人们看待世界的方式。这些东西只能暂时改变氛围。文化存在于人们的思想和心灵中。个体的成功并不能激发变革，我们有时需要对整个社区进行投入（贝拉、马德森、苏利文、斯威德勒和蒂普顿，2007）。

假意的赞同。结束你不喜欢的会议的最快方法是同意所有议题。如果能摆脱沉闷的或令人不快的会议，许多人会很乐意牺牲自己对重要问题的看法。有趣的是，看一看会议之后有多少参会者会在走廊里讨论会议内容及他们的真实感想。正是在这种"会后会"上，人们分享着他们真实的想法和意见，发泄一下这个会议有多烦人，承认这个会议的真正目的是快点休会。每个人都微笑、点头并不意味他们赞同所有事情。在变革文化时，假意的赞同会形成人为的学校文化（格鲁奈特和威特克尔，2015）。

承诺美好的结果。作为领导者，如果你发现自己在向员工承诺美好的结果，那你可能不经意间触碰了他们的"怀疑按钮"。从统计上看，人是可预测的。如果你让参加实验的人遵循特定的一套指令，很可能会实现预期的结果。然而，实验是在受控的环境中进行的，教育绝对不是受控的环境。如果领导者非要做出某种预测，那就预测旧文化会阻碍改变，有些失败是不可避免的，这才是比较靠谱的预测。美好的结果是无法给予或保证的东西。

用厄运进行威胁。用迫在眉睫的危机进行威胁似乎是承诺美好结果的反面，但其实这两种策略都是用外部可能的结果来贿赂或恐吓人们，使他们屈从。"如果我们不这样做，国家会接管我们的学校，很多老师会失业。"如果你在发起变革时，发表了这样一番演讲，那祝你好运吧。如果需要用威胁或贿赂来构建积极型学校，那是因为文化教会人们，这就是这里的做事方式。更不用说的是，屈从本来就不应该是目标。屈从无法带来奉献与投入，而会扼杀奉献和投入。类似地，制造危机，哄骗人们产生危机心态并不能改变现有的文化，而是在向文化发起挑战，胜出的总是文化。

发布新规定来支持新的文化。学校领导者会通过大张旗鼓的政策和举措来刷存在感。新领导可能会让人粉刷房间、种植花花草草、调整课程表，或者制定新规则，以此宣告新官上任了。新校长还可能给长期任职的老校长提出离开的最后期限。无论哪种方式，我们都无法强制推行新的价值观和信念。我们不能要求教师以积极的方式对待学生，也不能期望这种要求会影响不想这么做的教师。那些一直遵守旧规则的人或者之前就很成功的人很难去遵从新规定（为什么要改变一直有效的东西）。强制性的新规定会让业绩比较好的教师感到不适，这是新规定可能会把事情变得更糟的一个主要迹象。

鼓吹"某某文化"。我们常常会听到领导者宣布，他们将基于某种可贵的或高尚的价值观来创建学校的新文化，比如关怀、多样性、学生成就或信任。宣称学校具有某某文化意味着宣称学校文化具有这种特点。问题是，所有文化可能在某种程度上都包含任何被提及的价值观。宣称具有某种价值观的学校文化就一定具有更深程度的这种价值观吗？

例如，学校领导说他的学校具有关怀文化，这是什么意思？即使最糟糕的学校也会有关心学生的教师。我们是否应该认为在自称具有关怀文化的学校里，关怀是学校的主要特征？人们可以认为在这样的学校里，每个人都彼此关心，关怀是新学生和新教师很快能学会遵守的不成文的规定，到访者可以从日常活动和各种仪式中看出，关怀是学校里最重要的事情。关怀文化意味着，关怀比其他没有被用来定义文化的团队价值观更重要。

另一种分析这类文化的方法是，想一想美国的教育文化。在教育文化中，我们会发现教学文化。教学文化中包含着教学历史文化。教学历史文化中包含着中学教学历史文化、农村教学历史文化、强调内战的教学历史文化，等等。这个过程开始失去意义。当我们试图梳理文化以适应特定的环境、特征或需求时，我们不知不觉丢掉了文化的力量。

我们的目的不是想贬低宣称具有某某文化的人，而是希望他们能思考他们这样宣称的意义，因为这种宣称无论出现在使命陈述中，还是出现在社交媒体广告里，都可能会引起各种困惑。

我们列出这些不正确的方法并不是为了羞辱谁。努力对文化进行积极变革的学校领导者，他们的想法是正确的。在恰当的情况下，人们可能会被引导或被强迫购买他们本不需要的东西，或者接受从未经过检验的观点（西奥迪尼，2018）。也许一个演讲或一本书会让变革学校文化看起来很容易，或者领导者需要一招制胜的法宝，又或者领导者混淆了氛围和文化。在危急时刻，在需要服从和承担责任的时刻，人们会追随提出最简单、最快捷的改进方法的人。

如果为了实现持久的文化变革而采取了以上不正确的方法，那管理者将面临一些困境。继续读以下的例子。

盲目改变对学校文化发展的影响

> 那些能进行有效领导，但选择不这样做的人，是合作的真正的敌人。
>
> ——鲍格

在这个部分中，我们会深入探讨一个案例，这个案例说明了当好心好意的校长运用3种错误的方法来变革学校文化时会发生什么。这3种错误方法是：允许个性凌驾于思想和价值观之上、假意的赞同、匆忙启动文化变革。

当约翰逊先生被介绍给我们时，那是他进入这所学校的第一年，也是他当小学校长的第一年。这所学校多年来一直很成功，学生成绩很好。这所优秀的学校不同寻常之处在于，尽管教师之间很友好，但很少一起合作。

约翰逊先生急切地想引入合作的新理念。他对合作有着坚定的信念。在当教师的时候，他参与了很多团队项目。这些项目的设计，是为了加强团队的力量，强调专业学习型社区，以及教师分享并关注课堂教学工作。在开始管理工作之前的那个夏天，他花大量时间阅读了有关合作的书籍，参加专业会议。基于之前的研究，他想引入一整套全新的办学方式，使教职工取得更好的业绩。

他相信8月份和教职工的第一次会议会很成功。根据我们的研究（格鲁奈特和威特克尔，2019），这次会议是将新理念融入学校文化最有效的时机。约翰逊先生满腔热情，认为其他人会像他一样兴奋，干劲十足。会议开了个好头，然后到了推广他的理念的时候，他准备了小册子、演示文稿、多种活动、日程安排和表格。他确信，让陷于过去的学校得到复兴会令教职工欢欣鼓舞，然后很快接纳他的理念并投入改进。

约翰逊先生结束演讲后,微笑着问老师们谁愿意试行课堂互访,即教师们结成对子,观察彼此的课堂教学并提供反馈。他以为很多教师会踊跃报名参加这个令人兴奋的项目,至少那些最优秀的教师会愿意参加,这会鼓励其他人以他们为榜样。然而,会议室里一片沉寂,连蟋蟀都停止了鸣叫,教师们没有任何眼神交流。最后,好像过了一个小时,终于有一位教师犹犹豫豫地举起手,可能更多的是出于责任感,而非兴奋感。其他教师不易觉察地翻着白眼,低声嘲笑着。由于没有人再举手,因此,那位孤独的志愿者没有互换观察课堂的搭档。她没有被看成是勇于冒险的英雄,反而像个被遗弃的人。每个人都能明显感觉到房间里令人不舒服的气氛。尴尬持续了一分钟左右,约翰逊先生继续会议,由于教师们缺乏热情,他的信心在逐渐消失。他不确定接下来该做什么,于是决定快速完成会议日程上剩下的事项。

会议室里最不自在的两个人是约翰逊先生和那位自告奋勇者。感到最满意的人是那些害怕新事物,或害怕承担更多工作的人。这种缺乏热情的反应让约翰逊先生很难再推进这个计划,他感觉好像在比赛中失利一样,教师们的反应好像是针对他个人的。

这是一所很好的学校,教师们也都很体贴,那么到底是什么原因呢?校长介绍的似乎是一个非常棒的理念,既能够促进团队合作,也能提高教师们的专业水平。为什么这些成功的专业人士会这么快扼杀掉一个这么好的主意呢？

约翰逊先生最大的错误在于，他认为教师们在工作之外有很多社交，而他有无懈可击的研究成果，可以提供帮助他们进步的好工具，因此作为一个团队，他们会马上接纳他的新理念。然而正如我们所知，假意的赞同、匆忙启动文化变革是错误的方法。他的理念很好，认为存在合作的潜力也是对的：如果人们独自工作，但享受工作之外的社交，那你就有了突破口。但是他把推理假定为答案，低估了当文化受到威胁时，无形的情绪暗流在汹涌澎湃。约翰逊先生忽视了这个重要的影响因素，所以，要改变一种文化，那就一定不能强迫进行。没有什么比强迫人们做出改变更能阻碍文化的发展。

约翰逊先生犯的另一个错误是，在众目睽睽之下征求自告奋勇者。即使有心参加的人也会不愿出头，因为他们知道一些消极负面的同事会把愤怒的矛头指向他们。

如果我们不得不要求人们进行合作，那可能是因为即使没有合作，文化也让他们获得了成功。在《领导力的敌人》（*The Enemies of Leadership*）一书中，鲍格（Bogue）指出：那些能进行有效领导，但选择不这样做的人，是合作的真正的敌人。在这所学校，合作的敌人可能是那些在社交中经常进行有效合作，但在教学中选择不合作的人。也许这些教师的潜意识中存在一些等级观念，或者过去的集体项目进展不顺利。

如果人们多年不合作且成绩斐然,那么让他们进行合作会很难。当人们彼此不喜欢或不信任时,他们也很难进行合作。学校文化的很多构成要素汇总为强大的信念,这些信念逐年得到强化,规定了"我们在这儿的做事方式"。在这所学校,教师们重视独立自主和自我效能,集体效能被认为是不必要的。毕竟,评估基于的是每个人独立的业绩。

学校文化的正确打开方式

> 管理者了解谁代表未来,知道谁是最好的,一定要让教师们自己也知道。
>
> ——格鲁奈特和威特克尔

现在让我们来分析另一个案例,在这个案例中,校长有效地引入了新计划。

首先,约翰逊先生仔细地打好了基础。今年他想完成的事情是让教师们进入彼此的课堂。明确了这个主要目标之后,在面试中他问有希望入职的教师,对于走进其他教师的课堂,互相观察教师们的授课,再一起分享反馈意见和建议,他们是怎么想的。想得到这份工作的应聘者会做出积极的反应。就这样,约翰逊先生播下了种子,即走访课堂是这所学校的一种普遍做法。在学校文化告诉新来的教师其他做法之前，校长就取得了他们对新计划的赞同。这些教师一开始就认为教师们会观察彼此的课堂，但不会妄加评判。

在8月召开的第一次教职工会议上，约翰逊先生称赞教师们取得的成功，并且说作为这个富有活力和才干的教育工作者群体的一员，他感到很荣幸。他提出他的目标之一是经常走进课堂，这样他可以看到这些优秀的做法，他想了解这所学校为什么能办得这么好。

然后，从第一天开始他就走进课堂，询问每个教师课堂上发生的精彩故事。也许教师们有很好的提问策略，运用更长的等待时间，进行不同的座位安排，或者制作彩色的布告栏。他在每个教室里寻找优点，然后写字条、写电子邮件表扬他们，或者在简短的非正式交谈时表扬教师们。

这种简单的做法让约翰逊先生有了几项收获。他先让教师们感受到自己被重视，因此能自在地和他相处。现在，当有人走进他们的教室时，他们会感到骄傲，而不是觉得被打扰。他也借此机会了解每个教师最擅长什么，找到学校里最成功的教师。这是关键：了解谁代表未来，知道谁是最好的，一定要让教师们自己也知道。现在他可以设法让其他教师知道哪个教室里有精彩的教学活动，鼓励他们去看一看。

接下来，约翰逊先生将目标对准了最不抗拒的教师，即最优秀的教师和新来的教师。从第一天起，他就走进新教师的课堂，这样他们完全可以接受有人观察他们上课,而校长的积极反馈增强了他们的信心。不久之后,他问一位非常优秀的教师,新来的教师能否走进她的教室,观察她如何做她最擅长的事,无论是辅导阅读小组、引导数学活动,还是以吸引人的方式开始上课。由于校长认可她是一位才能卓越的教师,而且相对于老同事,让新教师观察她上课可能会让她更自在一些,因此她更有可能答应。约翰逊先生还让老教师轮流观察新教师上课,这样这个活动就是相互的,而没有采取"向大师学习"的方式。

假设这次进展顺利,约翰逊先生会找另一位优秀教师进行课堂互换观察。渐渐地,越来越多的教师参与进来。他没有让教师们措手不及,没有进行正面攻击,没有假定每个人都会积极响应,而是采用比较令人舒服、较少威胁性的方式引入新理念,逐渐赢得老师们的赞同,并且一开始就做得比较成功。当优秀的教师们开始分享这种方法的收益时,校长的理念更有可能得到推广。

> 消极负面的教师会把过去作为他们的证据,证明他们知道自己在做什么。优秀的教师需要利用未来。他们需要有一个愿景,然后和其他教师分享这个愿景。
>
> ——格鲁奈特和威特克尔

他可以预料到一些没参加互换观察活动的教师会制造阻力。这种阻力可能很微妙，可能是一些玩笑或私下里的冷嘲热讽。消极的教师可能会跟新来的教师抱怨，他们如何没时间参加这种愚蠢的活动，或者邀请新来的教师去他们的课堂"看看真正的教学是什么样"，而约翰逊先生可能对此一无所知。情况也许会变得很糟糕。消极的教师到处宣扬，这种新方法不是为了提升教师的能力，而是为了偷偷地评价他们。

此时，约翰逊先生可以运用他对学校文化的了解。他记得有人说过，人可以影响新的文化，新的文化也可以影响人。他还可以让那些接受新理念的优秀教师帮忙，一起对抗个别消极教师的破坏。他需要让这些他挑选出来的教师知道，其他一些教师不认可课堂观察活动。这样的交谈很重要，而且要有持续性。如果没有遇到阻力，你可能需要加大观察活动的力度。这似乎有违直觉，但阻力往往表明你已经触及了文化。推进任何新举措时，如果你没有遇到阻力，甚至没有遭到白眼，那意味着在文化层面上你没有做出任何改变。

消极负面的教师会把过去作为他们的证据，证明他们知道自己在做什么。优秀的教师需要利用未来。他们需要有一个愿景，然后和其他教师分享这个愿景。当然，消极负面的教师也会进行合作。他们一起出去玩，分享相同的故事，喜欢相同的事物，开相同的玩笑。这是一种错觉，好像他们是一个团队，这种错觉会吸引毫无戒备心的教师。这群人解决工作问题的方法通常是抱怨他们有多忙，他们已经知道该怎么教课了。他们很擅长说大话，因为他们长期以来就是这么做的。了解这种状况的校长在巧妙地迈出变革文化的第一步时，能有更充分的准备。

如何选择恰当的时机

> 当领导者认为是时候改进学校文化时，那应该是因为学校存在着永远无法解决的深层问题。
>
> ——格鲁奈特和威特克尔

到目前为止，我们探究了明确需要改变的有害的学校文化。但是有时候，我们很难确定学校文化需要什么程度的改变。并非学校面临的每一个问题都表明需要做出文化变革。毕竟，即使有着健康文化的学校也会遇到挑战。有时候变革会带来与预期相反的结果。我们听说一些校长读了我们的书，然后就几乎疯狂地使用这些方法。尽管一开始我们很开心能给人留下这样的印象，但随着往下听，我们意识到面对如此快速实施的新观念和新计划，一些教师似乎筋疲力尽。这些新观念或新计划超过了学校文化的负载。那么如何判断你的学校文化是有害的、健康的，还是超负荷了？

美国最高法院对许多案件的判决结果都会进行一个"测试"，以确定是否违背了法律，比如莱蒙测试（Lemon test）。莱蒙测试源自莱蒙（Lemon）和库兹曼（Kurtzman）的诉讼案，并被运用于与宗教相关的法律。我们发现，在学校里也可以采用某种标准来判断是否需要对文化进行变革。

让我们从健康的文化开始探讨。以下是真正的合作型学校文化的指标，换言之，它们标志着文化已经很健康，改变只会适得其反：

◎ 一个人的不安会带来所有人的不安。

◎ 学校的使命令人信服。

◎ 学校的愿景具有激励作用。

◎ 改善的想法像病毒一样快速传播。

◎ 学校是人们想待的地方。

◎ 工作人员具有职业上的安全感。

以上是可以让新的改变发挥更大作用的一系列重要特点或优点。这并不是说具有这些特点的学校是完美的，完美本就是一个遥不可及的目标。学校努力为学生和教师提供安全的、富有成效的环境，以下问题会成为它们的挑战。然而，这些问题本身并不说明需要对学校文化进行变革：

◎ 一些家长在抱怨某位教师。

◎ 某位教师正度过糟糕的一天。

◎ 有几个学生在教学楼里戴着帽子。

◎ 学校足球队总是输。

◎ 停车场里有垃圾。

当领导者认为是时候改进学校文化时，那应该是因为学校存在着永远无法解决的深层问题。希望你的学校文化类似于你在上周末会议上听到的杰出学校的文化，或者想通过改变一些事情来证明自己的价值，都不是进行文化变革的充分理由。以下一系列的现象确实说明学校领导者需要仔细研究一下他们的学校文化了：

◎ 教职工之间缺乏信任。

◎ 教师之间充满了不友好的竞争。

◎ 后勤人员有站队行为。

◎ 教师似乎很忙，无暇帮助同事。

◎ 职业发展就是个笑话。

◎ 由上而下地制定政策，教师没有发言权。

◎ 学校的改进工作是在训练教师的服从性。

◎ 教师们的动力和士气下滑。

◎ 教师们说，"这些孩子根本不在乎。"

◎ 保持消极感觉很好，赢得利益相关的争论才是值得的。

◎ 目标总是在不断变化。

◎ 教师对使命或愿景冷嘲热讽，或拿它们开玩笑。

◎ 优秀的人离开，能力差的人留了下来。

◎ 抱怨是有用的。

◎ 把过去的失败用作武器（不只是证据）。

不管是好是坏，文化让某些行为变得非常普遍，以至于你对它们视而不见了。如果你让以上清单中的迹象存在的时间足够长，那么在你的文化中，它们看起来都是正常的。这些问题不会被看成是有害的，相反，它们将群体凝聚在一起，使文化变得更牢固。

你很难确切地知道应该什么时候开始改变，一开始该使多大劲儿。当你听人们谈论创造合作型学校文化时，你认为他们的意思是以下哪一项？

◎ 摈弃当前的文化，创造新的文化。

◎ 创造另一种额外的文化。

◎ 在现有文化中添加新的价值观和理念。

◎ 要求人们在专业学习型社区中进行合作。

◎ 为整个学校建立适合进行合作的结构。

◎ 推广新的惯例、仪式和规范。

◎ 分享成功合作的故事。

◎ 领导者示范如何合作。

◎ 让一些人考虑在某些项目上进行合作。

看过这个清单之后，你是否认为某些做法比其他做法更费时费力？有些方案是否还需要额外的资源？你是否觉得有些要求太高，推进得太快了？如果我们让你从最有效到最无效给这些方案排序，你的排序会是怎样的？

> 变革已有的文化比创造全新的文化需要的时间更少，对你已经拥有的东西进行渐进式改变当然更现实，也相对更容易承受。
> ——格鲁奈特和威特克尔

我们注意到，这些方案已经根据有效性被排了序——最有效的方法位于清单的最下面。被列在清单最前面的方法对任何试图变革学校文化的领导者来说，都不是好策略，无论学校的情况是怎样的。试图创造全新的文化一般来说会徒劳无功。变革已有的文化比创造全新的文化需要的时间更少，对你已经拥有的东西进行渐进式改变当然更现实，也相对更容易承受。

如果学校仓促地对文化进行全面改造，提出一堆新计划、新观念，那么文化很容易超负荷。在这样的学校里，我们可能会听到以下对话：

◎ "不知道我们这周会有什么类型的文化。"

◎ "等着这阵风过去吧。"

◎ "我们能等尘埃落定之后再开始下一个理念吗？"

◎ "我手头的事情太多了。"

◎ "搞不明白我们到底是谁。"

以下是一些类型的领导者，他们会匆忙进行文化的全面改造，造成学校文化超负荷：

◎ **留存遗产型领导**。这类领导即将结束职业生涯，希望轰轰烈烈地离开，或许希望在中心教学楼前立着他的塑像。为此，这类领导者需要证明在他的努力下，学校取得了怎样的进展。为了不让人怀疑他的努力，这类领导者会引入很多新观念，聘用很多新人，建立新的结构，组织很多聚会和庆祝活动，表彰教职工，努力赢得他们的选票。其中任何单独的活动对改进学校都是有益的。但当所有这些活动同时发力时，却不会有什么好结果。

◎ **改革派领导**。这类领导者之所以会被聘用，是因为董事会觉得是时候做出改变了。他们冒险聘用了一个在面试时表达出一些杰出理念的人，尽管他不知道对于这所学校来说，什么方法是真正可行的，因为他之前跟这所学校没有任何关系。第一次教师大会感觉就像研究生课程，会议上有讲义、演讲、新的日程安排和新的理念，伴随着新形式和最后期限：专业学习型社区为所有学生创建了分层计划，在所有课堂进行团队教学，互联网取代了教科书，在日志里经常进行反思，全面关注孩子而不是分数。通过介绍这些新理念，她提出了各项改进措施，再试试哪条能奏效。这类校长并不是在寻找最佳的改进方案，而是在尝试各种问题的解决方法。以上这些都是值得一试的好方法，但如果不考虑现实情况，盲目地全盘采用这些方法，在一般情况下是不会有收效的。

◎ **机会主义型领导**。这类领导者在职一两年了，急切地想把简历弄得漂漂亮亮，并且把这个职位作为通向更高职位的垫脚石。为了这个计划能够成功，他需要一系列证据证明在他领导期间，学校发生了很大转变。这类似于被聘请来清理门户的领导者——通常意味着铲除任何不服从的人。这也可能是有一大堆待办事宜的领导者。每个月，甚至每个星期都会有想要尝试的新主意，几乎不考虑它们是否真的有效果。成功被定义为只要给学校带来新事物，而不是创造出积极的改变。或许唯一改变的是，发展出更多的亚文化，这些亚文化随时会阻碍下一个新理念。

我们赞赏那些努力寻求积极改变，并用文化改善学生成绩和员工业绩的领导者。我们希望我们已经阐明了什么情况下领导者推进得太快，提出的新计划太多，或者在什么情况下进行变革的动机是错误的。如果一种文化似乎很快发生了变革，那需要注意的是：事实并非如此。

本章小结

当领导者选择通过长期努力来变革文化时，他或她的成功则应归结于奉献精神。奉献精神是我们每个人都具有的品质，它会释放出我们做出改进的热情。它能阻止我们屈服于现实，免于在复杂的人性和其他混乱的人为因素中挣扎，或者无须在面对竞争时陷入恐慌。我们曾经听人说："如果是真的充满热爱，人们难道不会免费工作吗？"这样提问是不对的。更好的提问方式应该是：中了彩票之后，你还会工作吗？

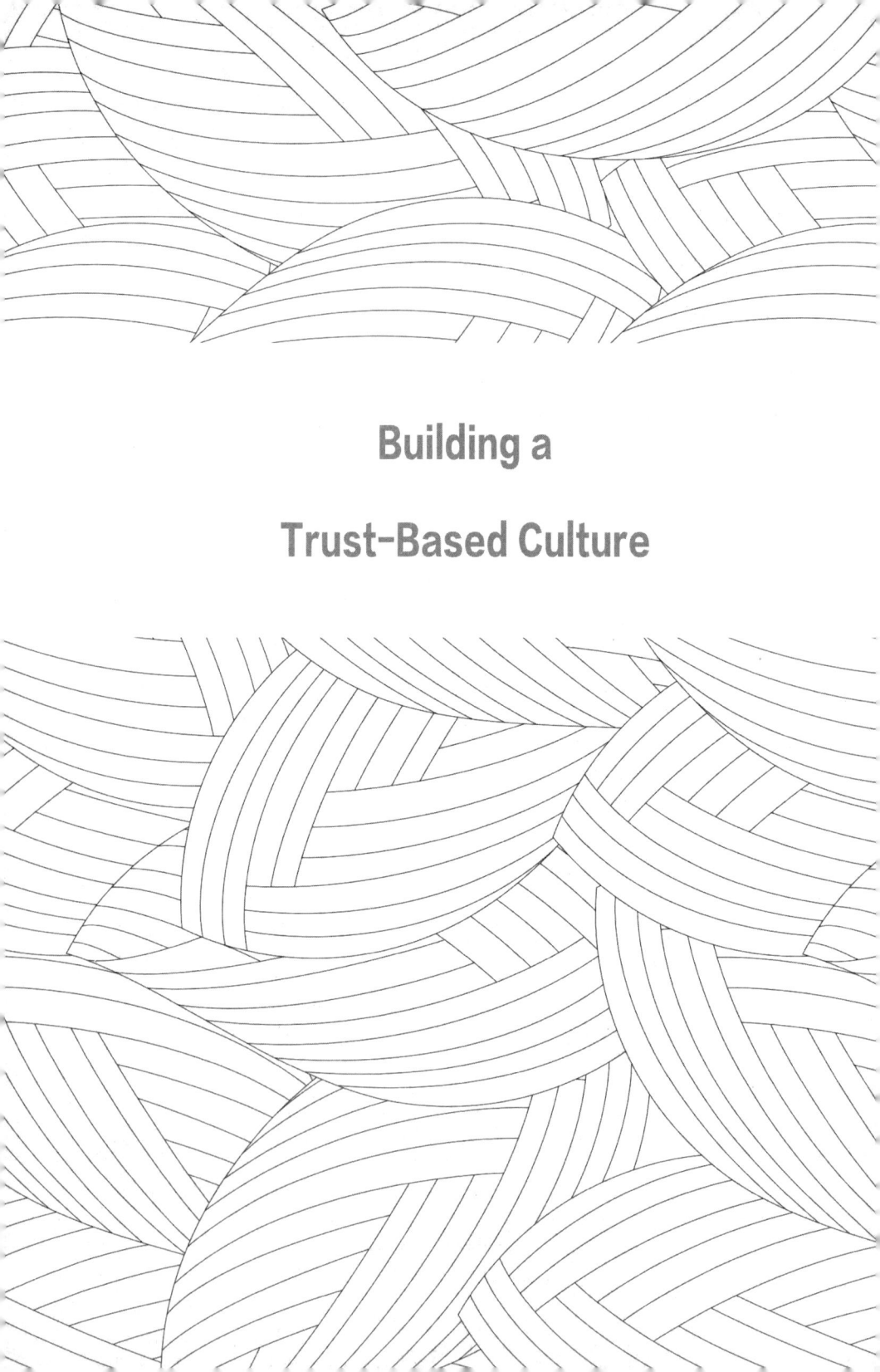

Building a Trust-Based Culture

第 3 章

建立基于信任的协作文化

本章导读

很多学校的改进方法是基于缺陷的：他们对数据做出反应，构建出以解决问题为目的的战略规划框架。他们倾向于严格按计划执行，为了取得成果，他们会制订详细的计划，并且每一步都有截止时间。这种方法存在的问题可以概括为领导力大师彼得·德鲁克（Peter Drucker）的一句名言："战略会被文化当早餐吃掉。"换言之，这个世界上所有令人印象深刻的战略、规划和框架都不能让一所有着有害文化的学校变好。我们建议采取基于信任的改进方法，通过建立关系和信任促成深层的改变。

因为学校文化，无论好坏，都是通过学校内部发生的事情以及跟学校相关的各类事件逐步形成的，因此我们构建学校叙事的方式在学校文化中发挥着重要作用。在本章中，我们将探讨故事在构建积极的、可持续的学校文化过程中的重要作用，并且会重点总结如何通过信任、合作和投入，而非恐惧、竞争和服从，来创造改变。

讲你的故事，让别人无故事可讲

> 无论领导者做了什么，都将为未来和这位领导打交道的人提供参照。如果领导者什么都不做，那么他就把发言的机会留给了会后最有影响力的教师。
>
> ——格鲁奈特和威特克尔

理解学校文化，在于理解教师们如何定义某些概念，如何描述某些事件。从某种意义上说，在一个值得信任的人提供叙事框架之前，什么都没有"发生"。对于学校里发生的几乎每个事件，学校成员之间都有内部分享的故事。这些故事会讲述"真正"发生了什么，以及所发生的事情意味着什么。例如，在教师会议上，你听到演讲嘉宾讲述受到创伤影响的学生在学业上遇到困难。会议之后，你可能会听到一些教师议论他们认为存在这类问题的学生；你也会看到一些教师径直走开，觉得这些孩子需要偶尔遭遇点小挫折；你还会看到一些教师很高兴会议结束了，他们可以回去批改作业了。

很可能最受尊敬的教师会有他们自己的版本。我们称之为停车场故事：学校的各种会议结束之后，教师们会在走廊和办公室里开自己的小会。领导者可以放任这些议论，希望它们能支持学校的使命和愿景，也可以在教师讲述故事之前，先讲述他所希望的故事版本，来影响事情的发生。无论领导者正式地或非正式地讲述这些故事，他们都会给予事件意义。如果领导者不讲述自己的故事，那么停车场里最有影响力的教师就会传播他们的版本。

即使是最无聊、最平淡的会议，也会给与会者提供会后的谈资。重要的是，领导者要及时发觉哪些会议或学术研讨活动非常无聊，或者没有新意。如果校长听任糟糕的会议召开并进行下去，那么消极的教师会以此作为证据，贬低之后的会议或校长提出的观点。消极的教师喜欢糟糕的会议：他们可以利用这些会议来反对未来任何的创新。

单一的事件有可能产生各种各样的故事。让我们来分析一次教师会议。在会议上几位教师有点情绪激动，讲述着他们为一些学生付出的努力毫无成效，并希望获得集体的帮助。在讲述他们如何为学生做出调整、让教学更有意义、尝试差异化教学时，有些教师甚至崩溃地哭泣起来。

在这次情绪化的会议上，最优秀的教师会做什么？消极负面的教师会做什么？有害的教师会做什么？所有教师都会把这次会议看成是发表自己观点的机会，每个人在离开会场时，对所发生的事情有着各自不同的感受。有害的教师可能会互相发牢骚，因为哭哭啼啼的教师让他们不耐烦，好不容易坚持到会议结束。比较积极正面的教师同情这些同事，愿意为他们提供额外的支持。领导者可以通过自己的行为来影响教师们的感受。他可以找时间进行集体讨论，加强团队合作，鼓励其他教师与未来遇到困难的教师进行合作。他还可以建议遇到困难的教师稍后再讨论，让会议重新回到原来的议程上，因为情绪干扰了需要在会议上完成的事情。无论领导者做了什么，都将为未来和这位领导打交道的人提供参照。如果领导者什么都不做，那么他就把发言的机会留给了会后最有影响力的教师。

今天讲述的故事会塑造未来。作为领导者，如果你选择什么都不做，过去的文化会取胜，变得更强大，"什么都不做"会变成正常的行为，以至于人们开始相信这种方法。

建立信任——学校发展的第一要务

> 建立一个过程，以逐步确认文化的构建方式，奠定文化得以改善的基础，而不是盲目地尝试各种有利于或不利于当前文化的改进战略。
>
> ——格鲁奈特和威特克尔

很多人认为，改进意味着解决我们在环境中发现的所有问题。我们应该在多大程度上让问题决定我们接下来做什么，而不是利用我们的优势来建立更强大的学校？有可能以信任作为主要框架，而不是以存在的问题作为主要依据，来筹划构建积极型学校的方案吗？如果文化会把战略作为早餐吃掉，那为什么把战略喂给它？

我们建议建立一个过程，以逐步确认文化的构建方式，奠定文化得以改善的基础，而不是盲目地尝试各种有利于或不利于当前文化的改进战略。不要用过去的错误来决定今年做什么，应该把信任作为下一步行动的基础。

图3-1和图3-2是这两类方法的示意图。图3-1代表的是如果学校文化是有害的、基于缺陷的，那他们会怎么做事。这类学校只追求减少差错，并用这些指标威胁教师，使他们屈从。图3-2代表具有积极的、基于信任的文化的学校会采取的不同方法。注意它们的流动很相似，但存在着几点关键差异。

第3章 建立基于信任的协作文化

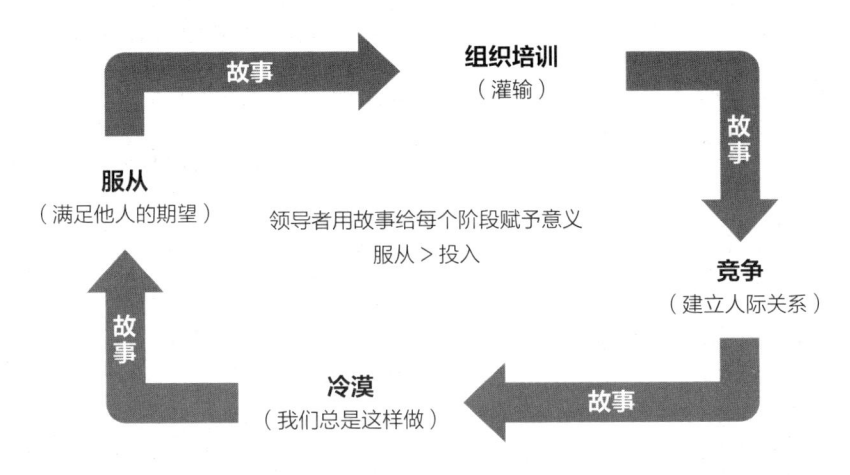

图3-1 基于缺陷的学校改进：根据数据制定战略

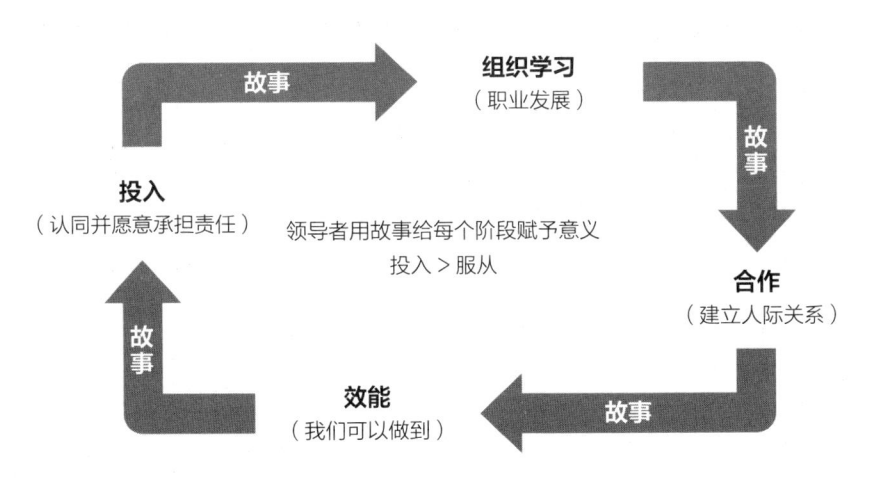

图3-2 基于信任的学校改进：用人际关系建立信任

你看到故事出现在两张图中的什么地方了吗？每一步后面都跟着一个故事，就好像看完一场电影或开完一次教师会议后，每个人对发生了什么都有自己的看法。例如，开完职业发展例会后，有些教师会有危机感，可能是他们的教学没达到标准；而有些教师会感到干劲十足，觉得他们得到了许可，可以大胆尝试新方法。很少会有两个人的解读正好相同，尽管电影导演和学校领导者都希望这些故事带给他人的感受符合他们的意图。

图3-2中的方法要取得成功，需要文化具有丰富的社会资本。20世纪初，人们开始接触到社会资本这个概念，它指的是社区繁荣所必需的信任。1916年，哈尼凡（L. J. Hanifan）将社会资本定义为"组成社会单元的一群个体和家庭之间的友谊、相互同情和社交"。社区中个体之间的信任使人们愿意谈论未来，而不是陷在"美好的往日"中。社会资本就像保险，是一份允许冒险，提前给予原谅的协议。当学校里存在社会资本时，问责不再是一项命令或需要应付的威胁。

当我们彼此信任时，我们会彼此支持。就像你和你的搭档一起做卧推一样，你们每个人既是在推，同时也是在保护另一个人。在健身房里，我们就是要练到做不动为止。有个搭档陪我们一起锻炼，和我们一起努力变得更强壮，愿意接受失败（并且留心我们的失败）且不做评判，这就是基于信任的改进的全部含义。

是否有的会议让你感觉糟糕？在一些组织里，这种情况很普遍：人们拖着沉重的步伐离开会议室，因为会议只提到了不足和需要改进的方面，而没有提供支持。相比起来，在基于信任的学校改进中，不断出现的机会令人振奋，而不会使士气低落，无论会议的内容是什么。图3-2中的每一步——学习、合作、效能和投入，都能让人获得成就感。让我们看一看这个模式中的每一个步骤：

◎ 人们往往认为只有学生才学习，而我们特意用了这个词，而没有用培训。学习主要涉及思想的改变，而非行为的改变。通过合作能够实现真正的学习。

◎ 当教师们努力理解学习的内容，并让所学发挥作用时，就会发生合作。在和他人分享我们学到的东西时，我们也会分享在实践中如何运用它。当所学发挥作用时，我们的效能就会提高。

◎ 效能指的是产生效果的能力，它能大大提升自信。当我们学到新东西，将它付诸行动，并使它发挥作用时，我们对这个过程的投入程度会提升，对接下来的新理念会持开放的态度。

◎ 投入是一种内在的感受，它不能用金钱购买，也不能拿东西交换。投入指的是我们对某事的信任程度足够高，从而业绩稳定在更高的水平上。

再次强调，所有这些步骤的基础是信任。我们需要信任，因为我们会犯错，我们要能够分享这些错误并从中吸取教训。在不健康的文化中，人们会隐藏那些他们认为令人难堪或有损他们声誉的错误。相对于被公开出来的错误，人们更容易重复犯被隐藏的错误。反复发生的错误就成为难题，难题变成了长期问题，长期问题逐渐变成了新的常态。明白这是怎么回事了吧？

培养合作——让团队的力量势不可挡

> 你可以将自己狭隘的目标置于一切之上，也可以将成功重新定义为实现更大的目标……合作型领导能够让自己的目标服从于机构更大的目标。
>
> ——汉森

比较图3-1和图3-2中的模式，我们会发现在图3-2中，学习替代了培训，效能替代了冷漠，投入替代了服从。然而，需要付出最大努力的变化，是从竞争到合作的改变。合作强化了信任的根基。当我们能倾听彼此时，我们之间就会形成信任。这通常发生在我们分享观点、做决策或解决问题时，也就是合作时。当领导者倾听教师的声音时，他们就会建立起信任。类似地，当教师倾听学生的声音时，教室里就会产生信任。

要想达成合作，我们需要重视合作的文化。学习、效能和投入都源于合作，源于我们作为专业人员之间的信任。顽固的文化抵制改进，认为学校已经很好了，任何改变只会让情况变得更糟。通过合作，我们使文化相信我们接下来要做的事情是对的，即便它偏离传统。合作就是对话，这种对话让新观点有了目标，能增长集体效能，从而有助于实现更美好的未来。当一群人为了共同目标走到一起时，他们会把事情做得更快更好。

合作并不是一个新概念。很多电影表现了合作：回想一下那些讲述体育运动的电影，在影片的高潮场景中，教练慷慨陈词"我们必须团结协作"。然而在认识到合作的潜力方面，学校仍比较滞后。

其中一个障碍是新事物的诱惑。教育行业特别倾向于通过新理念和新人来创造改变。如果一个人在同一个地方待的时间很长，那么他对未来很难有不同的视角，因此很多学校会聘请新领导，希望新领导能给沉闷的学校带来新愿景。当新领导试图推行新愿景，而不依从教师们的要求时，挑战就出现了。正如汉森（Hanson）所说，"你可以将自己狭隘的目标置于一切之上，也可以将成功重新定义为实现更大的目标……合作型领导能够让自己的目标服从于机构更大的目标。"现实情况是，任何发生的变革都将是预期变革的杂交体。试图彻底变革一种文化是徒劳的，总会有旧事物保留下来。

下面来说一说我们合作过的一所学校的情况。威廉姆斯先生终于得到了他梦想的工作，成为一所学校的校长，这所学校学生的成绩长期以来都很差。没错，他就是想领导一所业绩不佳的学校。虽然他大部分时候就职于好学校，但他丰富的管理经验点燃了他内心的火焰，他想去需要他的学校一展宏图。他6月份签了协议，学校8月份开学。在这3个月的大部分时间里，他启动了很多事项。整个夏天，他经常和负责人碰面，以确认学校董事会的意图，同时也让负责人对他改变中央办公室人员组成的能力更有信心。随着开学日期的临近，他的变革更加显而易见。

消息在教职员工中传开了，有个新官上任，要烧三把火。威廉姆斯先生撤掉了几名负责秋季体育项目的助理教练，聘请了一些学术教练，更改了很多教师的课程表，以便提供共同教学的机会，还粉刷了教学楼的外墙，增加了景观。他甚至重新布置了主办公室里的家具。这些以改进为名的改变，多数令学校的员工感到吃惊。这似乎是他一个人的任务。在别人看来，他的计划很狭隘。教师们在停车场里的主要说法是，校长不过是想在一所差学校里留下些业绩，从而获得晋升——聪明的做法。没有多少人相信他真的想一直留在这所学校。因此，他们的对策是等着他离开，尽可能地抗拒他的改变。

威廉姆斯先生的意图是好的，但他的手段有些强硬。我们常常看到像他这样积极能干的人试图在短时间内完成重大变革。在努力实现新愿景的过程中，他们似乎不接受任何建议。但是即使这些都是很好的改变，也需要一定程度的信任，文化才有机会发挥作用。即使学校董事会希望新校长"改变现状"，但如果没有信任与合作，教师们顶多在最后关头不得不屈从，但不会全身心投入新愿景。

在学校里工作的第一年，威廉姆斯先生逐渐了解了当前的学校文化。随着拜访各位教师，他逐步认识到学校应该以怎样的速度做出改变，他可以依靠谁来推进这些改变。他的一些想法发生了结构性的改变，但本质没变。他努力说服负责人，尽管他承诺的一些改变可能不会很快发生，但他对同事们有信心。他第二年的工作感觉比较像团队工作。

他的目标之一是创建跨学科团队，一方面是为了促进课程开发，另一方面是为了鼓励教师之间建立起更牢固的关系。教师们一开始的反应好坏参半：有些教师对加入这些团队很兴奋，而有些教师不想让其他人侵占他们的领地——他们的学科和教学方法。威廉姆斯先生推测，如果他能让少数教师通过这种方法取得一些成功，那么其他教师就会想要尝试。对于第一个团队，他特意招募了最好的教师，暗中布局。

一段时间后，这支团队取得了很多成功（也经历了少数失败），其他教师对这个项目变得好奇起来，他们想要建立自己的团队。威廉姆斯先生没有料到这个项目扩张得如此之快，于是他通过设置一些限制来控制速度。他先明确这个项目的目的是阻止社交群体的发展。他还让感兴趣的教师先去拜访试点团队，观察团队成员如何开会和教学，然后再找他提出建立团队的请求。他还解释说，最终将由他来决定谁进入哪个团队。制定这些指导方针可以让最初的团队有时间解决任何漏洞，避免形成无效的团队，防止项目无法开展。

威廉姆斯先生没有突然宣布学校是专业学习型社区，而是采取温和的领导方式，让第一个团队按照自己预想的速度发展，让学校里其他人有时间习惯这个观念，见证这个观念的成功，从而对组建他们自己的团队感到兴致勃勃。大约3年后，跨学科团队的观念不再新鲜。它现在是文化的一部分，是撬动文化变革的重要杠杆。

如何让每个成员全身心投入

> 服从会妨碍真正的全身心投入，它永远无法让员工付出最大的努力。
> ——格鲁奈特和威特克尔

在前面的案例中，我们简单接触了服从和投入的比较。真正的文化变革需要全身心的投入。最后期限能迫使人们服从，而不是投入，威胁或贿赂也无法真正使人变得投入。投入意味着领导者对人进行着长期投资（汉森，2009），领导者使员工充分施展才干，反过来员工也希望领导者能做到最好。做到全身心地投入没有捷径可走。外部发生的改变能促使人们变得投入，但如果改变得太多太快，或者改变对人们来说并不重要，那么即使最有能力的教师，在完成一天的工作时也会退缩。

我们认为投入程度是一个连续的过程，从表面投入到满怀激情。我们在健身房里很容易看到这样的情况。有些人去健身房就是为了社交，有些人是为了锻炼，还有些人去健身房是为了探索自己的极限。当会议要求与会者说出自己最重视的事情时，他们的投入程度也是显而易见的。通常的情况是少数人会分享他们渴望去做的最重要的事：他们希望做的事，而不是他们目前正在做的事。如果你对某事真的充满激情，其他人应该能看出来——通过观察你，人们应该能判断你对什么事情最有热情。如果合作是一个组织的价值观，那人们大多数时候、大多数地方应该在进行合作。当人们在会议上吹嘘他们多么重视多样性，而其实并不存在多样性时，我们可以称之为胡扯。如果人们不能在他们认为最重要的事情上投入时间和精力，那么这个组织是运转不良的，这会使员工筋疲力尽。

当我们想戒烟、减肥或学习一门新语言时，就需要充满热情地投入进去。我们也许养成了一些具有明显个人特点的旧习，现在改起来非常难。作为领导者，最有挑战性的情况之一是，你多年来就是一所学校的校长，此时你想对它进行改进。学校日常工作中会有一些阻碍改变的常规和惯例，就像试图改变锻炼和饮食习惯的人，总会给减少几次锻炼或吃一块奶油蛋糕找到合理的理由。让教师们认同新观念的一个好方法是让他们看到新观念能产生影响。毕竟，他们是为了对学生的生活产生影响才当教师的。如果领导者能证明一项变革或计划是多么有益，教师们自然会投入进来。

学校的成员只有全身心投入，他们才能真正参与持续不断的改进。持续不断的改进是文化变革的关键，但不要让这个观念给教师们造成压力：持续改进的敌人是追求完美。还要注意的是，持续不断的改进并不意味着持续的文化变革。快速的文化变革是一种矛盾的说法，追求快速的文化变革只是为了避免观念转变造成的不适。领导者通常很欢迎行为上突然发生的积极改变，氛围暂时也会得到改善，至少在变革的刺激因素消失之前是这样。但是人类学家知道，文化不会因为少数人选择不同的行为方式而发生改变。新行为只是对外部刺激的服从，并不是永久改变或长期改变的标志。服从会妨碍真正的全身心投入，它永远无法让员工付出最大的努力。如果服从得太久，人们会觉得足够好了，就不会全力投入了。

用希望淹没负面的噪声

> 当领导者以积极的方式改变叙事时，这些故事就会成为持续不断的鼓声，用希望淹没负面的噪声。
>
> ——格鲁奈特和威特克尔

让我们再次探讨叙事的重要性。想象你最喜欢的橄榄球队以14比7的比分赢得了一场比赛。接近的比分也许让你不高兴，或者你对球队取得胜利感到高兴，这取决于你对这支球队的叙事。现在设想一名三年级教师在学年中间提出辞职。它引起的主要反应是"我们知道她有个人问题要处理，我们祝她一切顺利"，还是"又一个人从将沉的船上跳船了"。如果在年度州测试中，你们学校的成绩比去年高了几分，教师们会说，"学生今年更努力"，还是"真的吗？我们做了那么多额外工作，只提高了几分"？

正如我们探讨过的，领导者很大一部分作用是传达叙事，这些叙事决定了人们会如何思考或应对学校的每一个重要事件。挑战在于有时候渗透在学校里的故事有着消极的基调，或者讲述故事的人并不是领导者。

我们发现，在各种场合代表学校发表看法的人往往是在学校里任职时间最长的人。这不一定是坏事。在具有积极文化的学校里，这些人在谈论学校的事情时通常会带着自豪感，会讲述过去的成功故事，描绘过去和现在教师的积极形象。这些积极正面的故事有助于奠定积极文化的基础。

然而在有些学校里，故事并非积极正面的。在这些学校里，说话最多的人往往在分享失败的故事，以及持续困扰学校的问题。好像他们期望分享坏事能带来好事。我们想问这些人，"你们在试图保护什么？"当这些故事在走廊里的闲谈中、在教师会议上，甚至在杂货店里与父母的交谈中占主导时，人们就会开始相信它们是真的。如果领导者什么都不做，定义学校的就会是这些消极话题，学校文化就放任了这种情况的发生。当这成为现状时，领导者需要站出来，改变叙事。也就是说，用积极正面的故事替代消极负面的故事。让我们认识一位这样做的校长。

经过几个星期辛苦的面试和旅行，琼斯夫人终于得到了她一直想要的工作：在她家乡的一所中学担任校长。在过去20年里，她上了大学，取得了教育学位，在3所中学任教，获得了管理许可，在不同的州担任助理校长。在反思应聘过程时，她认为面试中对一个棘手问题的回答使她得到了这份工作。当被问到"你在这里当校长的第一年打算做什么？"时，她说她会倾听周围人讲的故事，努力改变那些对学校不利的故事。

倾听人们讲述的故事。在任何学校里，这些故事比比皆是，教师、后勤人员、家长和社区成员都在讲述这些故事。有些故事是真实的，有些可能有一些真实性，有些只是荒唐可笑的故事。琼斯夫人的挑战在于要对这些故事进行分类，判断哪些故事对学校不利——哪些故事可能让有能力的教师不敢应聘这所学校，哪些故事推崇无效的行为或工作不力的人。琼斯夫人试图修复有问题的过去，作为当地人，她可能已经知道这些故事，可能有一些自己的故事。学校若要进步，展现过去成功的故事，以及展现令人激动的未来的故事都是必要的。

在工作的第一年，琼斯夫人降低消极负面故事的影响，哪怕是有一些真实性的故事，同时放大她听到的积极正面的故事。她经常到那些故事被讲述的地方——走廊、餐厅、停车场、课后活动。每当她听到有人说学校的坏话，或者提到似乎会影响当下的过去的负面事情，她就会尽量消除故事的负面影响，阻止它继续扩散，并尽量只分享最终从事件中产生的积极事物。

其中一个故事是这样的：学校董事会成员和篮球教练是好朋友，校长宣布篮球队中最好的球员由于纪律问题不能参加即将举行的比赛，这位学校董事会成员就威胁校长。在这个小镇上，这个故事像野火一样扩散。虽然事件发生在30年前，但每当现任校长想对篮球运动员实施纪律处罚时，这个故事就会被提起。显然，董事会成员和教练为所欲为，从那以后，教练们被赋予了巨大的权力。

琼斯夫人从一些家长那儿听到这个故事，这些家长的孩子在练习篮球，他们等着接孩子时讲起了这个故事。新赛季即将开始，这是小镇最激动人心的时刻。琼斯夫人坐在露天看台上，看着教练带领球员进行最后的训练，她认为这是一个改变叙事的好机会。她倾身向家长们微笑着说："这个教练永远不会让学校陷入从前那样尴尬的境地。"第二天早上，她和教练见了面，确保他们达成共识。她提到了过去的故事以及她对家长们的回应，她说她热爱体育，知道能参加学校的球队让学生们感到多么自豪，最后她说她非常喜欢看教练和球员们一起训练，她将是球队最坚定的支持者之一。

在整个赛季，她课间一定会在走廊里和教师们聊一聊，有时会提起30年前的那个故事，并感慨地说，她不相信这是真的，她问老教师这个故事有多大的真实性。在这些交谈中，她会肯定地表示情况已经变了，学校和以前不一样了。这成为新的故事。同时它让每个人都明白，运动员也不能不遵守纪律。毫无疑问，琼斯夫人认为这个故事，以及她讲过的其他几个故事，已经传遍了整个学校。

记住，要有策略地选择讲述新故事的时间和地点，并且要经常讲。回到图3-1和图3-2，我们看到了领导者讲述故事的关键时刻，无论这种时刻是好是坏。当领导者以积极的方式改变叙事时，这些故事就会成为持续不断的鼓声，用希望淹没负面的噪声。

一切皆有可能

> 有愿景的领导者认为一切皆有可能。如果没有愿景，我们会看到每个机会中的困难。随着愿景的形成，我们会在困难中看到机会。
> ——波特和黑斯廷斯

任何变革都会有执行不力的时候，也会有改进很明显的时候。这意味着有时候一切似乎都很棒，有时候情况不太好。坚定的愿景能让你度过充满挑战的时期。正如波特（Potter）和黑斯廷斯（Hastings）所写（2004），"有愿景的领导者认为一切皆有可能。如果没有愿景，我们会看到每个机会中的困难。随着愿景的形成，我们会在困难中看到机会。"如果组织想实现积极的改变，它的愿景需要比它的使命更强有力。我们不应该让我们是谁以及我们存在的理由，即我们的使命，限制了我们能成为谁。

曾经与我们合作过的一位小学校长问教师们，5年后他们希望达到什么水平，由此形成了新的愿景。威尔逊博士在这所学校担任校长已进入第三年。在前两年，他花时间听取教职员工和后勤人员的意见，劝退了一些应该退休或离职的员工，和学校及社区里尽可能多的人建立起信任。在第三年初，他走向站在走廊里的几位教师并问道："你希望5年后这里会有什么改变？"几位教师开着玩笑应答，这是这群人的特点（也是教育工作者的特点），之后他们开始严肃地对待这个问题。他们的回答令威尔逊博士吃惊，因为他们真的没想法。

学校领导者不需要等到第三年才开始这样的交谈，但先储备一些信任会有帮助，这有助于获得比较真诚的回答。威尔逊博士让这些教师们思考这个问题，晚些时候分享他们的想法——没有最后期限，没有期望。不过他知道他问对人了，两天后这些教师来找他，带着一张清单和满腔激动。他还知道积极的人吸引积极的人。现在他对学校新的发展方向有了几点想法。而且他不需要投入很多时间、精力去说服教师们，这些都是很好的想法，因为那一小群兴奋的教师会替他这样做。

领导者不应该问"教师们会听谁的"，而应该问"教师们在听谁的"。

当我们问教师们对未来的设想时，我们不是在批评他们所做的事情，而是让他们可以有梦想。威尔逊博士把教师们的想法介绍给其他教师，并在走廊、餐厅和停车场围绕这些想法不断和教师们交流。随着时间的流逝，其他教师开始向威尔逊博士提出自己的想法。他没有把所有这些想法都带到教师会议上进行讨论，而是带去了3个普遍引起共鸣的想法。从那以后，交谈的内容更多地围绕着如何支持这些想法，而不是争论它们的优缺点。

得到强有力支持的一个想法是建立学生课程委员会。是的，他们打算让小学生来协助构建和完善课程。对参加这个委员会感兴趣的学生会接受面试，谈一谈他们的优势，以及他们认为学校在教育方式上可以做出怎样的改变。会议在放学之后举行，并提供晚餐，每个年级都有一位教师进入委员会。委员会成员制定合作规范，做"作业"，所谓的作业通常指的是对其他学生或委员会成员进行民意调查，向校长和学校董事会汇报，庆祝取得的成功。

委员会成员的任期为两年，当有人离开委员会时，其他学生会积极为面试该职位做准备，这是可喜的情景。来自这些会议的故事高度认可了学生们的参与，赋予了学生影响力，学校变得有趣，而且和学生自身息息相关。学校并没有把这个委员会当成做做样子，教师们希望它对学生是很有意义的。"学生很重要"的口号在学校里传开了。

本章小结

我们再强调都不为过的观点之一是：只要不非得面面俱到，你就可以做成任何事。当想要变革文化时，缓慢而有目的是领导者应该追求的速度。短期内让人们改变行为是交易型领导，真正的文化变革需要变革型领导。

引导持久的文化变革意味着让意义和情感渗透在整个环境中。文化位于我们的头脑中，它的旁边就是我们获取安慰的情感区域。通过讲故事，文化被根植在我们的思维中，这些故事是我们相信的故事。想要变革文化吗？改变你的思维，改变这些故事。

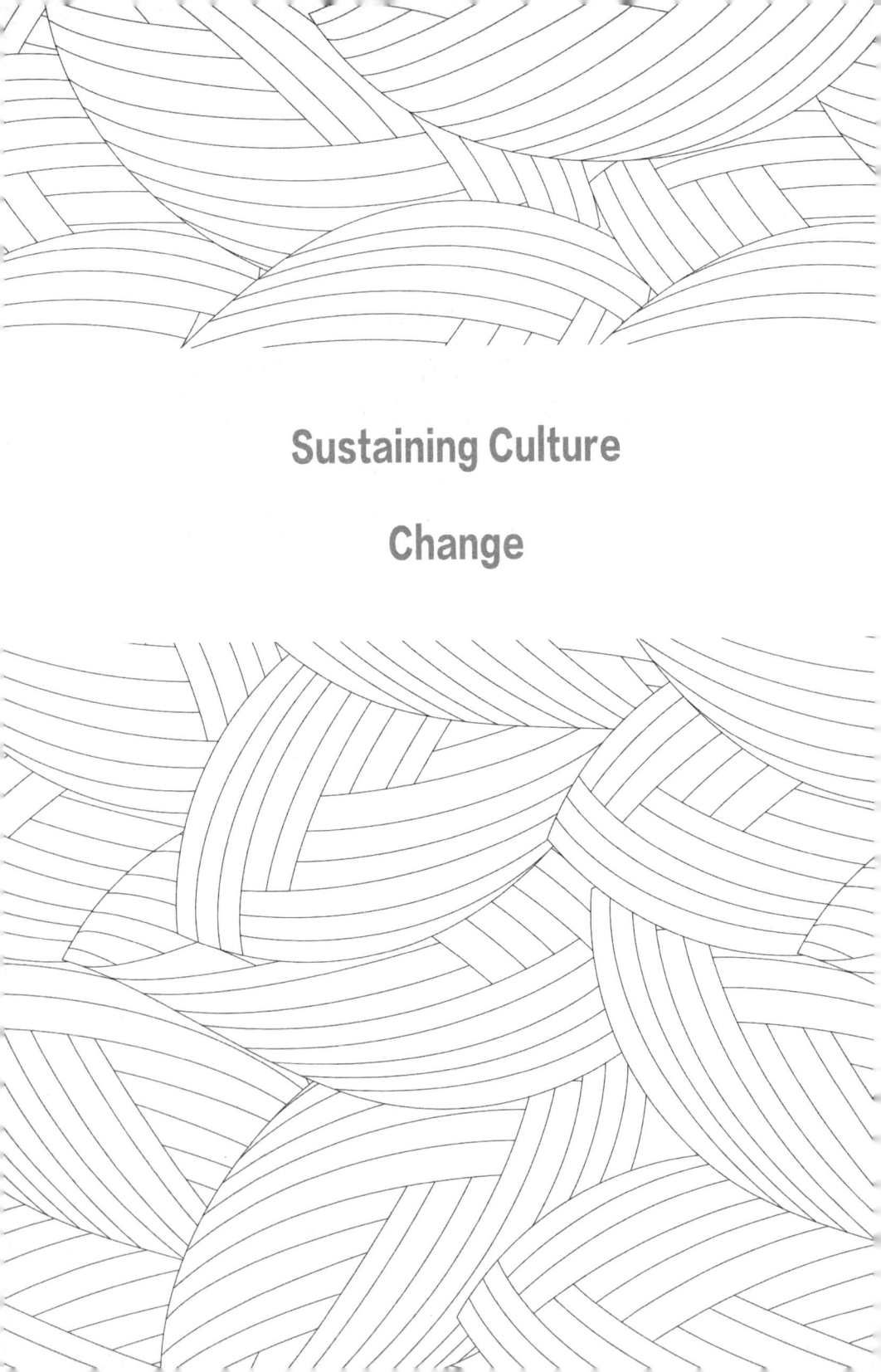

Sustaining Culture Change

第 4 章

保持积极型学校的持续成长

4

本章导读

到目前为止，我们提出了一些关于文化本质的重要问题，审视了有害的学校文化，并研究了如何建立以信任为基础的协作文化。这些都为构建积极型学校奠定了基础。有害文化与积极正面的文化之间的鲜明对比，突出了糟糕的决定如何使人们误入歧途，而为变革奠定坚实基础的积极正面的文化则带人们走向成功。研究这些方法的不同之处让我们认识到，为了变革文化，我们应该把精力集中在什么地方。

在工作中，我们发现一本书或一次演讲就可以激发教育工作者的好奇心，促使他们反思自己学校的文化类型，以及他们渴望实现什么样的文化。然而，采取有步骤的实际行动，以可持续的方式进行变革，需要的投入程度和专注程度超过了很多人的想象。因此，在本章中我们会提供一些建议，告诉你在应对变革中艰巨的任务时，如何保持专注，避免分心。我们特别分析了如何减轻有害教师的影响，了解学校文化中另两种重要"演员"，并且应该考虑周全地进行文化变革，而不应该过急过快地改变。

牢牢把握学校社交关系网

> 确保消极群体的成员不再增加是扭转学校文化最关键的第一步。
> ——格鲁奈特和威特克尔

文化是由人构成的，因此领导者必须熟悉学校的社交网络，有策略地和积极的以及有害的"演员"进行交往，减轻有害教师的影响。

我们没有聘用有害的教师，而只是让新教师加入了错误的群体。这种情况发生可能是：新来的教师发现学校存在让他们感到困惑或运作不佳的方面，他们没有去找领导，而是向另一位教师提起他们的担忧。如果这位教师是消极负面的或者有害的，他或她的回答可能听起来合理，但却是消极的或玩世不恭的，这种回答的背后可能有历史和传统的支持。对于令人沮丧的问题，有害的教师的回答会助长未来消极的行为。

有害的教师无法独自兴风作浪。他们的力量来自其他和他们有同感的教师，这意味着他们在不断扩大队伍。如果你能让消极群体的成员逐渐减少，你就能让学校摆脱任何教师的有害情绪。确保消极群体的成员不再增加是扭转学校文化最关键的第一步。一旦你阻止了有害亚文化中成员的流入，你就可以通过减小它的范围和影响力来解散这个群体。

你还可以用这种方法来帮助消极负面的教师，他们不像有害的教师陷得那么深。消极负面的教师不仅比有害的教师更容易被拉入积极的阵营，而且对于吸纳那些仍陷在有害情绪中的教师，他们是非常棒的人选。我们建议用以下方法来减轻有害教师的影响。

保护新教师。 在有害的学校文化中，最容易受到影响的是新教师。因此我们要保护他们，避免他们接触到消极或有害的教师，至少让他们尽可能少地接触到不太积极正面的同事。

为此，领导者在分配任务和安排组织结构时应该审慎而周全。例如，有意识地给新教师分配指导人，不要图方便，比如根据年级、地点、性别、年龄或计划的时间来分配。这类决定应该基于你希望新教师效仿谁或受谁影响。在分配教室、制订计划、安排午餐小组等事项时，领导者应该遵循相同的思路。

为了遏制消极群体的发展，领导者可以更进一步，将相同的思路运用于所有的教职工。具有强硬个性或令人生畏的有害的教师应该只能接触到不会受他们影响的教师。教室或办公室的位置、时间安排等因素往往是小团体和亚群体形成的基础。通过认真思考这些联系，你就能限制消极群体的发展。

让不太坚决的有害教师有理由离开这个群体。 与其彻底解散有害群体，不如从那些不那么坚定的成员入手，这样往往更有效。我们本能上可能会抗拒这个策略——我们想拿下头目，但是领头的人通常比其他群体成员陷得更深。有害群体中的一些成员可能只是遇人不淑，摆脱这个群体并不会太困难。毕竟，大多数人喜欢工作，不愿无所事事。我们知道当我们身边都是爱抱怨的人时，我们自己很容易也产生类似的行为。

如果5位教师每天早上都聚在教师休息室里发牢骚、抱怨，我们会认为这5个人大同小异。然而，任何群体通常都由领导者和追随者组成。有害群体里的追随者往往是比较软弱的人，他们只是想有所依附。如果有一天某个成员不在场，这些群体的成员甚至会抱怨他或她，而且每个成员对此心知肚明。想象你非常想融入，甚至愿意和当你不在时会说你坏话的人交往。如果领导者能为这些人提供和更积极的群体进行交往的方式，他们会抓住这个机会。

先确定在你的学校里哪些人让有害的行为得以维持，找到这种亚文化中最不坚定的成员，然后分化他们。最简单但最有效的方法之一是，让最好的教师和比较软弱的亚文化成员交往。这种交往可以是正式的，也可以是非正式的。正式的方式有，特意成立某些委员会、专业学习型社区，安排特定的时间、额外任务，分配指导人。非正式的方式有，让积极强势的教师找出走廊里比较软弱的教师，和他或她一起吃午餐，或者在教师会议时挨着他或她坐。这是一种非对抗性的方法，它把组织文化作为工具，尝试着对少数教师的社交网络进行重组。如果被作为目标的教师是新教师，那领导者应该警惕，吸引新教师的制度可能没有奏效。

记住，根本没有"只存在有害的领头人，不存在有害的追随者"这回事。削减几个追随者，甚至只是假装支持，以免激怒领头人，都能显著减弱核心人物的威力。如果他们的阵营里没有人了，他们就不得不改变方式，去不那么有害的环境，以免孤独。即便他们没有改变，只是变得有些孤立了，那么这本身也是有益的。

远离有害的领头人。任何学校文化对于变革的支持都不会是彻底的，哪怕是积极正面的文化，除非关于那些效率差但占主导地位的教师的故事发生了改变。一旦有害的教师不再被当成英雄，那故事就会开始发生变化。

我们建议的一种非对抗性的方式，是有意识地不要与那些为了自身利益，希望未来看起来像过去一样的人反复进行有害的交谈。让卓越的教师感觉良好很容易。当领导者没有邀请老教师为构建未来出谋划策时，老教师会认为自己被排挤，这是领导者要应对的挑战。这些老教师会进行抗争，传播流言或者诋毁他人的努力。领导者对此要有所准备，不要煽风点火，要知道你的变革会造成一些分歧。在努力让学校文化变得更积极的过程中，这种困难时期是必经阶段。

支持并提升员工的效率。当教师感到有人在支持自己时，他们陷入消极或有害的意愿就会减少,反之亦然。感受不到支持的教师更容易受有害教师的影响。例如,想象一名新教师第一次给家长打反馈电话,他或她感到有压力。如果校长帮助这位教师进行打电话的角色扮演,邀请他或她听她自己怎么打棘手的电话,甚至在这位教师打最初几个棘手的电话时,校长就坐在他或她旁边,那么这位教师会感到不那么无助,才能为取得成功做好准备。

如果像常常发生的情况那样,校长让新教师独自应对第一个棘手电话,而且电话打得很不顺利,那么这位新教师会变得焦虑而气恼。他特别渴望支持,于是来到教师休息室,讲述发生的事情。如果休息室里最有影响力的人是一名有害的教师,那这位消极负面的教师会故意说道:"这就是为什么我们都不给家长打电话。"新教师的无助和对情感导师的需求为有害教师敞开了一扇门,他或她会成为新教师最强有力的支持,成为新教师感到忧虑时想去求助的人。

如果学校不能持续为员工提供技能和支持,那它会损害自己,为消极文化的盛行提供机会,助长有害教师的影响力。我们认为不顺从的人有时在某些方面实际上是无能的,他们只是感到沮丧。最重要的考查内容之一是课堂管理。每位教师都想成为熟练的课堂管理者,因此当他们在这方面遇到困难时,往往是因为他们没有掌握更好的方法。如果我们不帮助他们成为胜任的课堂管理者,他们很可能会抱怨"现在的孩子啊",并将注意力集中在学生的不良行为上,而不是关注他们最容易控制的因素:他们自己的行为。当我们培养了教师的能力,提升了他们的自信时,自然就会很少听到他们的抱怨。优秀的教师之所以好像很少抱怨学生的行为,是因为在他们的课堂上,学生们普遍表现比较好。

让教师们感到被重视同样很重要。当我们表示我们很重视工作人员时,他们就不太可能去消极或有害的同事那里寻求认可。领导者可以有意识地想办法提升教师的自我价值感,无论以正式的方式还是以非正式的方式。当学年很长,没有休假的时候,这种做法会更加重要。我们都知道单一事件无法影响文化,但有时提醒教师们注意,他们正在给学生的生活带来多大改变是非常重要的。

消除负面情绪,建立高效能团队

> 建立一个由高效能教师组成的团队,由他们协助制作一部新"电影",不给有害的"演员"留下余地。
>
> ——格鲁奈特和威特克尔

还记得第1章中介绍的校长加西亚夫人吗?她希望教师们观摩彼此的课堂,但不做评价。为了实现这个目标,她要完成两个任务:

一、建立一个由高效能教师组成的团队,由他们协助制作一部新"电影",不给有害的"演员"留下余地;

二、避免教师在学校的"电影"中担任有害的角色,避免他们受有害同事的影响。

优秀的教师一直在等着有人来改变"情节",他们很欢迎写作新"脚本"的机会,新"脚本"能使学校取得进步。加西亚夫人以非正式的方式和新教师见了面,让他们确信他们是学校的未来,并邀请他们想象未来可能是什么样子。她还私下告诉最优秀的教师,他们是她的旗手,问他们是否愿意和几位新教师一起协助她设计新愿景。她没有让新教师适应当下的文化,相反,新愿景会吸纳新教师的声音、希望和梦想,利用他们对教育的热情,一起进一步推动她的计划。没过多久,新教师和最优秀的教师们交往起来。这是职业发展的最佳状态。

对于第二个任务,加西亚夫人承认在不稳定的过渡时期,保护教师是她的责任。在过渡时期,教师们承担着风险,这使他们变得容易受影响。对抗消极负面的同事不是教师们的责任。如果有人不得不激怒少数有害的个体,那个人应该是校长。

在前几位校长任职期间,有害的教师享有本不该有的影响力。在变革期间,加西亚夫人不会准许他们拥有同样的影响力。她意识到,如果她给予他们宣泄的空间,那么房间里的其他人——积极的和关心他人的大多数,会紧张起来,感到沮丧或不自在。因此在谈论未来时,加西亚夫人忽略掉冷嘲热讽或心胸狭隘的发言,忽略掉想扼杀积极改变的企图。在这样做的时候,她既没有尖酸刻薄,也没有冷酷无情,她只是微笑,点头,改变话题,或者用一种专业的方式继续讨论。她说有时候她喜欢私下见见老师们,更多地了解他们的看法,更好地理解他们的观点。她只是忽略了最顽固的有害员工的言论——那些不断攻击积极正面的人或想法的言论。

加西亚夫人的策略是无视那些刻薄的评论、消极的叹息和其他不够职业的反应,这让学校里愤世嫉俗的人非常沮丧。他们越想给加西亚夫人和她的计划搞破坏,他们和其他教师之间的鸿沟就越大。普通教师开始意识到更美好的未来即将来临,在这样的未来中不包括这些消极、低效的教师。甚至一些消极的教师也觉醒了,再次决心成为他们最初被聘用时想要成为的教师。有害的教师还在坚持他们的做法,但他们的人数在逐渐减少,影响力在逐渐减弱。加西亚夫人应对消极性的方法让其他教师感到被赋予了力量,开始跟着做。有害的教师不再能得到他们渴望的关注,他们获得认可的唯一途径就是和同事一起努力改善学校,这样的同事正变得越来越多。

无论学校里有多少有害的员工、消极负面的员工和积极正面的员工,最重要的是关注这些群体在向什么方向发展。如果一开始你有10名有害的员工,后来减少到7名。他们就会知道自己变弱了,暴露的风险会更大。相反,随着很有影响力的积极员工越来越多地互相交往,而且每个秋季都有新教师加入他们，积极的群体会壮大，信心也会增强。

加西亚夫人的计划不需要额外的资源，不需要正式通告，也不需要新政策或新命令；只需要她利用现有文化的结构来解决一个留存已久的问题。随着文化变得更积极正面，它也会变得更强大。最后，消息会传开，说这是一所适合工作的好学校。人们会关注那些致力于做正确事情的教师，那些不能或不愿改变的有害教师将会离开。

怎样保留和支持创新的声音

> 我们需要利用当前的文化来让人们接受未来的文化。与其抨击过去，不如将其为我们所用。
>
> ——格鲁奈特和威特克尔

到目前为止，我们主要探讨的是学校文化"电影"中有害的"演员"。然而，还有其他两类演员，他们同样具有挑战性，同样有很强的影响力。领导者的任务是了解他们的观点，利用他们的优势，使他们成为文化变革的一分子。

■ 寻找与过去守护者的共同点

那些和我们有共同价值观却阻碍我们的"演员"怎么办？过去守护者就是以过去作为决策依据，决定未来应该怎样的人们。他们和我们的共同点比我们最初认为的更多。为了发现我们的共同点，我们必须找到他们，理解他们，使他们为变革摇旗呐喊。受人尊敬的守护者赞许的一瞥，能像受人尊敬的演讲者一样激发员工的积极性；而他们不赞同的眼神也很容易让员工失去动力。我们需要利用当前的文化来让人们接受未来的文化。与其抨击过去，不如将其为我们所用。

当学校里受人尊敬的老员工警告说某事行不通时，我们不能彻底忽略它。第一步是倾听学校文化的声音。问教师们为什么在这所学校工作，然后问他们想要保护学校的什么事物。很可能大多数人会提到过去几代老教师一直以来的倡导。例如，在很多学校，老教师长期承受着必须提高考试分数的压力，否则会发生糟糕的事情。因此，当有人提出培养学生社交情绪技能的计划时，坐在会议室后部的资深教师会翻着白眼，互相嘀咕说："难道他们不知道，在我们这儿一切都围绕考试分数转？"即使学校现状并不让他们感到满意，但他们还是有要保护什么的感觉。这就是我们所说的守护者的想法。试着探讨以下任何主题，看一看守护者会怎么回应：

◎ 教育的目的是什么？

◎ 在这里,教师们怎么能获得晋升?

◎ 在这所学校,卓越的教学是什么样的?

◎ 我们学校的学生辍学的原因是什么?

◎ 作为教育工作者,我们应该防范什么?

在听取了守护者的意见并了解了它们的来源之后,你应该提出这些重要的后续问题:

◎ 我们什么时候应该倾听我们内心的过去守护者,什么时候应该无视它?

◎ 什么时候过去很重要,什么时候它在阻碍我们?

更有针对性的是,你可以提出这个多选题,看看教师们的重点是什么:

当我们被赋予了构建积极型学校的任务,但不确定接下来该做什么时,我们会基于什么来决定行动方案:

(a)对孩子们有益的事情。

(b)有助于学校办下去的事情。

(c)能提高考试成绩的事情。

(d)能取悦管理部门的事情。

这些问题以及接下来的讨论应该会让教师们认识到,过去并不总是解决当下挑战的答案。在倾听了守护者的观点并表示了尊重之后,他们应该更乐于开阔思路,迎接新的可能性。

试图守护学校文化的人并不是恶意破坏者，他们只是有选择地从过去吸取经验，将它们应用于未来。稳定是他们的口号。他们可能不会一直选择（a），但我们不应该让他们感到羞耻，因为他们只是想保护学校。他们需要知道我们都致力于同样的事情，为了积极的变革而冒一些风险可能是好事。

■ 尊重异类也是尊重个性

> 大多数改进的发生是由群众追随第一个追随者引起的，而不是追随领导者。
>
> ——西韦斯

一旦我们能更好地控制与那些不愿走上持续的文化变革之路的"演员"之间的互动，就是时候求助于那些能够推动我们前进的"演员"了。

异类出场了。大多数组织中至少有一个一直在唱反调的人，或者这个人的想法似乎来自20世纪70年代的快乐时光。信不信由你，这些人很可能会对学校的文化变革做出一些有价值的贡献。

有时候猎头委员会的首要标准似乎只是寻找"合群"的人。鉴于这种情况，难怪变革发生的速度会非常慢。在某种程度上，这是很自然的：你想让新人融入，新人也想融入。然而，新想法往往来自和我们长得不一样、思维方式也不一样的人。不幸的是，在我们的世界里，在他们有机会挑战现状之前，这些情况会让他们遭受双重抗拒。

然而，偶尔会有一位不合群的教师留下来。想一想你们学校里有没有被文化认定为"怪人"的教师。如果没有，也许你们学校需要一个令人讨厌的人，为学校的发展提出一些新想法。也许你们学校已经有一些异类，他们有很棒的主意，但不愿提出来，担心会让他们显得格格不入。也许过去的经历让他们学会了保持沉默，因为曾经提出的想法全都被否决了。

一个人对一种情况的反应既可以是符合常规的，也可以让他（暂时）被认为是异类（见图4-1）。例如，在热烈讨论昨晚的棒球比赛时，你说了一些关于圣路易红雀队（St. Louis Cardinals）的好话，你和这群人的常规是相符的。相反，如果你说"谁在乎？不就是一场比赛嘛"。别人可能会向你投去疑惑甚至敌意的目光。不赞同别人不是什么大事，但如果几乎每个人都喜欢圣路易红雀队，你的评论有违这个常规，那你就会拉开和别人的距离。其他人会让你知道你打破了常规，你作为团队成员的资格受到了一点影响。如果你不想继续做一个异类，接下来你要以某种方式进行弥补，例如收回说过的话（"我只是开玩笑"），或者说些道歉或自贬的话（"我知道，我是个怪人"）。

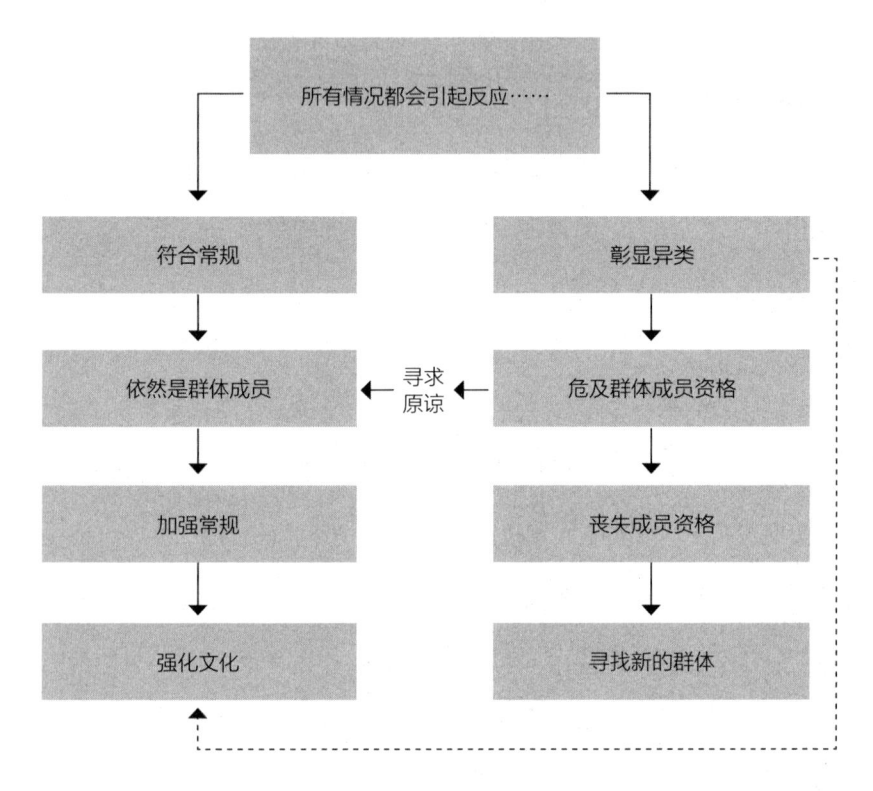

```
                    ┌─────────────────────────┐
         ┌──────────│  所有情况都会引起反应……  │──────────┐
         │          └─────────────────────────┘          │
         ▼                                                ▼
   ┌──────────┐                                    ┌──────────┐
   │ 符合常规 │                                    │ 彰显异类 │◄┐
   └──────────┘                                    └──────────┘ │
         │                                                │      │
         ▼                      寻求                      ▼      │
   ┌──────────────┐  ◄────────  原谅  ◄────────  ┌──────────────┐│
   │依然是群体成员│                                │危及群体成员资格││
   └──────────────┘                                └──────────────┘│
         │                                                │       │
         ▼                                                ▼       │
   ┌──────────┐                                    ┌──────────────┐│
   │ 加强常规 │                                    │ 丧失成员资格 ││
   └──────────┘                                    └──────────────┘│
         │                                                │       │
         ▼                                                ▼       │
   ┌──────────┐                                    ┌──────────────┐│
   │ 强化文化 │◄───────────────────────────────────│  寻找新的群体 ││
   └──────────┘                                    └──────────────┘│
```

文化在两种情况下都会获得力量：一是成员合群并得到相应的奖励，二是异类违背规则并受到相应的惩罚。

图4-1　文化如何获得力量

这两种方式都将使文化得到加强。如果你选择合群，你就认可了常规，文化会感谢你的支持。如果你选择违背常规，你就会受到质疑。尝试修复裂痕或让你的行为回归常规都会使文化得到加强。太多次违背常规后会丧失群体成员资格，这同样会使文化得到加强。

做异类的时间太长会让你失去那种文化中的成员资格，除非你找到了缩短这个流程的方法。让我们回头再看图4-1。虚线表示违反常规——暂时进入异类状态，实际上可以使文化更强大。也就是说，一个不合群的人有助于构建未来，同时使文化得到加强。

在组织里这种"暂时进入异类状态"实际上看起来是怎样的？你的学校里有些人对如何提高学校的效率有一些奇怪的想法。有没有可能，一个异类会提出最好的对未来的梦想？有没有可能塑造一种鼓励异类思维的文化？如果总是需要跳出思维定式，也就是文化，那么价值观和信念怎么可能会趋同呢？

我们已经确定，学校里发生的一切都能加强文化。当人们遵守规则时，他们会获得奖励；当人们不遵守规则时，他们会受到惩罚。两者都会强化当下的文化，因为它们都符合预期。因此，削弱文化，也就是让它容易受积极变革的影响的一种方法是，奖励那些违反规则的人。这种疯狂的想法怎么样？

如果领导者称赞被认为有点奇怪的员工的工作，学校里的守护者会有什么反应？想象在专业学习型社区的会议上，一位社会学科教师说，最近在上课前20分钟她突然决定放弃教案，并在一张餐巾纸上粗略写了几个新想法。她没有带着详细的课程计划和一摞工作表去上课，而是和学生们聊起了当下的一起事件，这起事件似乎是在复制200年前的一起事件。即兴发挥的讲课进展非常顺利，她甚至鼓励其他人也在上课前20分钟改弦更张。并不是总这样做，偶尔为之，可以激发教与学的热情。

我们需要异类——对文化有清楚的认知的人，因为大多数人太习惯于现状了，以至于根本没注意到文化。我们变得适应了文化。适应的概念表明任何环境最终都可能被忽视。举例来说，当室外15摄氏度时，住在赤道附近的人会认为很冷，而住在两极附近的人会说天气温暖。如果这两个人互换居住地，经过最初的调整期，他们会变得适应，以至于改变他们最初对15摄氏度天气的看法。这种适应过程——为新环境或新情况做出调整，可以发生在方言、食物偏好、城市噪声、工作节奏或情景中其他恒定不变的事物上。我们适应了环境，以至于只有当它发生改变时，我们才会注意到它。

适应文化——我们接受特定社会或群体的文化的渐进过程，要求我们接受某些事实，承认当前的文化氛围就像家的感觉，并且捍卫它。正是文化决定了氛围，氛围最终淡出意识，直到它被彻底改变。无论学校倡导的是什么样的教育，新成员都会适应它，然后适应学校的文化，以至于不再注意到它或质疑它。

我们已经知道，带着文化的"表演"会让文化变得更强大，也会给"演员"带来回报。当教师对学生吼叫，却没有人阻止这种行为时，文化会低声告诉每个人，可以对学生吼叫。一段时间后，吼叫会被认为是一种策略，适用于教师和后勤人员，适用于每当学生和成年人说话的时候。当新教师没法控制课堂时，他们会向对学生吼叫的老教师寻求帮助。如果新教师质疑老教师的建议，新教师就有可能成为异类，除非他或她很快开始弥补。

此时，新教师必须决定他或她是否要成为这个群体的一分子，试图改变这个群体，还是离开它。大多数人会选择融入群体，这进一步加强了文化。其他人可能认为这里的文化不适合他们，会另谋高就。不过，对一些人来说，反击似乎是值得的。这些教师可能是最有能力为群体构想未来的人。这些教师能看到其他人看不到的文化。

如果校长想为学校的新愿景进行头脑风暴，那些在职时间最长的教师，以及那些选择合群的教师，可能很难想象出新的未来。他们对过去的美好时光有着强烈的感情，为之付出了很多。相比之下，这些异类每天都有新的设想。关键是要让他们分享自己的想法。不过，需要注意的是，他们不是那种能说服别人接受他们想法的人。就像电影的制片人或编剧很少出现在镜头前一样，那些能设想出更好的文化的异类始终在幕后。他们很可能喜欢这种方式。组织中最优秀的推销人员应该是符合常规、受群众尊重的人，他们把目前的文化作为推销改进的手段。大多数改进的发生是由群众追随第一个追随者引起的，而不是追随领导者。第一个追随者需要是一个

"正常"人（西韦斯，2010）。随着越来越多的人逐渐加入，一种新的常规被建立起来，那些选择不加入运动的人现在在外面观望。

考虑周全地进行文化变革

> 学校文化具有稳定性，不会随着每个想要吸引注意力的新特质而发生改变。变革学校文化不只是接受一种新观念，学校文化是学校的个性。
>
> ——格鲁奈特和威特克尔

随着学校文化的概念不断吸引了人们的注意力，我们发现它有一点被过度使用了。把文化作为每一项进步的基础是讲不通的，有些改进只是小调整。把文化作为一个时髦词，用来推销新计划无疑是一个危险信号。为了不让学校文化的概念成为每一个新想法的广告语，我们想允许学校领导者用许多积极的特质来建设强大的学校，而不必声称每一个特质都定义了他们的文化。学校文化具有稳定性，不会随着每个想要吸引注意力的新特质而发生改变。变革学校文化不只是接受一种新观念，学校文化是学校的个性。因此，定义学校文化的，有积极特点和消极特点，这些特点不会因为有人说它们改变了就发生改变。为了保持你的优先事项并确保变革是可持续的，请记住以下几点。

一个人无法独自进行文化变革。文化不能只靠一个人而存在。即使这个人有强大的魅力，当领导者是孤立的，文化就不会有什么新变化。为了领导文化变革，领导者需要一小群追随者，他们有能力影响他人，又不显得在努力说服。你不会是唯一一个希望文化发生改变的人。

改变文化并不能确保改进。我们都是凡人，有各种各样的想象、自我、性情、伤痕和情感，在一种环境中有效的方法在其他地方不一定有效。一百个人用同样的食谱做巧克力蛋糕，但很可能没有两块蛋糕尝起来完全一样，因为环境、烹饪技能、设备以及其他因素改变了。这同样适用于任何试图模仿前人做法的领导行为，无论是亚伯拉罕·林肯的做法还是甘地的做法。讲述成功的领导和变革的书已经卖出了数百万册，但在这数百万读者中，有多少人复制了这些领导者的成功？这并不意味着你不应该受到他们成功的激励，不应该尝试他们有效的方法，只是如果你的最终成果没有进入博物馆，你也不要心烦意乱。

推销根本不管用。当你努力推销时，多数人能感觉得到（格雷尼等，2013）。在听到领导者像二手车销售员一样美化变革之前就已经对变革有高于平均水平的投入程度的人，可能会被领导者的推销吓跑。人们有一种本能，对听起来更像是推销而不是交谈的东西都感到厌恶。如果你对未来的愿景是教师们真正渴望的未来，那投入大量精力去推销它是毫无道理的。

它会自我推销。

非正式的谈话胜过正式通知。学校文化是学校里普通人的日常工作方式，具有可预测性，令人感到舒服。教师们每天做的很多事情都承载着学校文化的价值观和信念。我们指的是教师在可以自由行动时的行为，尤其是在上学前、放学后或课间时的走廊上，在工作室里或在午餐期间。教师们在非正式交谈中谈论的内容，比他们在公众面前的任何表现都更能说明当前文化的价值观。

当策略不起作用时，应根据情况而不是根据个性进行改变。当人们表现不佳时，原因有两个：

（1）由于培训不足，他们无法完成工作；

（2）他们能把工作做好，但不这样做。

因此，我们会疑惑为什么受过培训，能把工作做好的教师故意不好好干。我们的回答是查看一下他们在文化中的角色。可能是他们的剧本不适合这部电影，或者他们具有别的方面的能力。就像《小熊维尼》（*Winnie the Pooh*）里的达斯·维德（Darth Vader）。一定不要把教师们安排在与他们的优势不匹配的岗位上，这会造成他们的失败（见第1章"角色在学校文化中的影响力"）。

传信人不应该比信息更重要。有多少人离开他们的教会是因为他们喜爱的牧师离开了？我们会迷恋他人的个性，甚至觉得与这些人互动比工作本身更有价值。我们可以促使人们因为外部动机而完成他们的工作。我们形成的长期仪式和惯例可能依赖于令人激动的演讲，而不是履行使命。通过观察，当一位令人敬慕的校长离开时，学校会发生什么。缺乏统一目标的学校会崩溃。记住，正如我们在第2章中探讨过的，不要让个性凌驾于观念之上。

文化变革需要时间，但不需要很多劳作。 这听起来很奇怪，但学校领导者不应该承担变革学校文化的重任。领导者应该播撒种子，创造条件并观察。大部分"工作"应该由那些被认为是受尊重和有人脉的人来完成。你会通过一些强有力的教师，他们代表着学校的未来。这些人应该做大部分工作。幸运的是，他们通常愿意这样做。

> 在群体维持静止的过程中，文化将在一段时间内似乎易于改变。随着尘埃落定，领导者可以将各个部分放回不同的位置。
> ——格鲁奈特和威特克尔

要想变革文化，就必须削弱它。 在这种情况下，削弱并不意味着使它变差或消失。这仅仅意味着质疑它的一些价值观和信念。一些信念存在了很长时间，已经成为学校本质特征的一部分。记住，强大不一定等于好，强大的文化只不过是难以改变的文化。

在《学校文化重组》(*School Culture Rewired*)(格鲁奈特和威特克尔，2015)中，我们探讨了"文化破坏者"，即一种观念，可以被用来揭露当前的文化，使其易于改变。然而，以这种方式来揭露文化并不能保证文化会变得更积极正面。在群体维持静止的过程中，文化将在一段时间内似乎易于改变。随着尘埃落定，领导者可以将各个部分放回不同的位置，就像在象棋比赛中趁对手不注意时移动棋子一样。然而，为了使文化变得易于改变而惹是生非会一无所获。在像这样揭露文化之前，我们头脑中必须有一个长期计划。

我们让领导者把看起来阻碍进步的价值观和信念公开提出来，由此削弱文化。这不会影响考试成绩，也不会让最好的教师们逃之夭夭。事实上，当教师们意识到正在发生的事情时，这些举措会在高效能的教师群体中建立起信任。

如果你不能给六年级学生解释学校文化，那说明你对它的理解还不够好。很可能你永远不需要给六年级学生解释学校文化，但无论如何试一试。午餐时找几个孩子来，向他们解释你的想法。如果你发现不用领导力书籍上的术语，或者不使用"文化"一词，就很难跟他们解释清楚，那你还需要进行更多的学习，充分内化这个概念。

避免过急过快地改变文化

> 如果你的目标是持久的学校文化变革,那么文化容忍你胡乱摆弄它的变革速度是有一定限度的。变革得太快,文化会损耗你和你的策略。
>
> ——格鲁奈特和威特克尔

在这个一键购物和语音助手的时代,在技术的帮助下,作为新型社会中的一员,我们比过去几代人行动得更快。我们更快地做更多的事情,这使我们有时间做得更多。鉴于这样的生活节奏,文化变革也能更快吗?有人说他们在不到6个月的时间内改变了组织文化,这是一件功绩吗?

简言之,不是。正如我们在第2章中探讨过的,太多太快会导致灾难。老话说得好,一知半解是件危险的事。我们经常听说一些领导者举办了一场关于文化变革的研讨会,想要发动一场全体的运动来改变他们学校的文化。如果你的目标是持久的学校文化变革,那么文化容忍你胡乱摆弄它的变革速度是有一定限度的。变革得太快,文化会损耗你和你的策略。

文化基于集体信念。因此,当我们改变文化时,就是在改变信念。在各个领域承诺快速发生改变的产品比比皆是,例如美黑喷雾、增肌药片、即时信贷和文学经典导读(CliffsNotes)。人们会被说服他们的生活宏图未展，而富有魅力的领导者有解决方案吗？这是文化快速变革的本质，除非发生创伤性事件。但是快速的变革不会深入。要改变文化，你需要改变思想。改变思想本质上就是学习。如果变革得太快，你将面临的风险是，最后形成以下两种文化之一。

合成文化。合成文化是聚集在一起的一组文化，以满足暂时的需求。这种需求是由人、体制或组织提出的，目的是推销产品或理念。合成文化通常是赶时髦的产物，基于别人制造的需求，被作为激发某些行为的手段。在学校里这类需求可能是以下之一：

◎ 需要让学生们通过考试。

◎ 学校需要为每个人提供一切。

◎ 需要隐藏错误。

◎ 需要不断改变。

◎ 面对批评，需要为自己辩护。

这些需求中的每一个，加上很多其他需求，会形成一套信念，使得一所好学校走上歧途。一段时间后，人们会开始相信某些消极行为其实是有益的。合成文化不会持久，但它引起的想法使未来更有可能出现合成文化，而且它会阻止积极文化的发展。

虚拟文化。在当今社会，我们可以通过虚拟的方式去很多地方。互联网使我们能环游世界，和陌生人交谈，几乎可以立即买到我们想要的任何东西。网上有各种论坛，把具有类似信仰、偏好、生活状况或兴趣的人联结起来，比如钓鱼或迷幻摇滚。我们很难不着迷于网上发生的事情。如果给予足够的支持，我们会觉得自己属于一个跟素未谋面的人组成的家庭。人们在一些网站上投入大量精力和情感，也许在寻找他们下一个灵魂伴侣，而有人在用具有欺骗性的方式吸引这些人，以达到别有用心的目的。

8月份，当一批新教师来到学校，当以上现象被运用于学校，更具体地说，被运用于学校领导者时，它会变得更明显。新一代的教师在成长过程中已经习惯于密切关注互联网和手机。鉴于这种改变，新一代的教师可能对虚拟情境下形成的关系和校园里形成的关系同样重视。学校文化可能会分裂，因为相比于日常的学校文化，更大比例的教师会更深入地沉浸在外部虚拟文化中。这些虚拟文化提供了即时的交往，易于掌握并让人产生归属感，而日常的学校文化不便于他们掩盖障碍和差异。随着虚拟"家庭"数量的增加，教师们对工作团队的忠诚度也会降低。

本章小结

为了总结本章，帮助你开始文化变革之旅，我们想简要介绍一下需要注意的障碍以及你们的工作重点。

会阻碍你变革的因素包括：

◎ **过去的领导犹在**。这可能是在退休前回到教学岗位再工作几年的人。当新领导犯错时，人们可能会向这个人求助。

◎ **过去领导的遗迹**。过去的领导可能在这所学校工作了30年，在教学楼前甚至有他或她的匾额或塑像。他或她的时代可能成为评判所有未来领导者的标准。

◎ **你自己的遗迹**。如果你在学校任职很长时间后，从副校长被提升为校长，那么你不太可能提出什么新想法。任何在学校工作5年以上的人都会成为文化的一部分，可能看不到不同的文化了，除非那个人愿意以批判性的眼光审视自己。让自己身处代表着最高效的教育者的异类们之中，并对新思想保持开放的态度，由此我们可以纠正自己对文化的盲目性。

◎ **长期有害的员工**。正如我们在本章中所概述的，将影响力从有害员工的身上转移到新教师或优秀教师身上，这会为持续的变革提供途径。分化并征服有害的员工，而非高效的员工。

◎ **过去的成功**。这是封闭的思维模式的主要障碍。优秀学校的声誉可能会永远冻结某些价值观和信念，阻止未来的变革。

◎ **趋势与时尚**。去吧，去参加令人激动的会议，但在颠覆当前的文化之前，要确保你从会议上带回来的文化变革的最新理念，真的能满足学校的独特需求——在可预见的未来，成功构建积极型学校。

◎ **本地对正常的定义**。一般标准就像磁铁，平均值是引力，中位数是边界。在你的学校里发生的任何事情都被认为是正常的，这正是吸引或排斥新人的东西，不管是优秀的新人还是糟糕的新人。小心有害性，甚至平庸成为新常态。

确保以下事情成为你的工作重点：

◎ **最优秀的员工**。学校的未来应该由最优秀的员工，尤其是最高效的教师来创造。变革学校的文化与其说是行政部门、学生或社区的事情，不如说是教师的事情。

◎ **表达你的承诺**。让别人知道你的立场和你对改进的热情是很重要的，但随着他们的热情和投入程度的不断增加，你所表达的热情和承诺不应该让他们感到内疚或尴尬。

◎ **能阐明你是谁以及你为什么在这儿的使命**。学校的使命不应该是每个人所做的工作的清单。你的教师成为教师的原因应该是他们依然来到学校的原因。如果他们的个人使命是改变孩子们的生活，但所有人谈论的都是考试，那么这种偏差正在消磨他们的活力。

◎ **愿景听起来应该像一部人人都想在其中担任角色的电影**。回到电影这个比喻，愿景听起来不应该只是像一部有趣的电影。它应该有影响力，每个人在其中都有自己的角色，还应该深入。让你的学校文化成为一部所有人都看过很多遍并且喜爱的电影。你不应该允许教师们批评这部电影，因为无论他们是否喜欢它，他们都是这部电影的演员。相反，如果教师们看到了更好的结果，你应该允许教师们改变他们的角色。

> 过往的成功还能提供坚实的基础,在这个基础上你可以构建你想要变革的文化的其他方面。
>
> ——格鲁奈特和威特克尔

◎ **过往的成功。**过往的成功有可能会阻碍未来的变革,但它也可能表明过去的决策很好,意味着至少有一些你希望实现的文化已经存在了。过往的成功还能提供坚实的基础,在这个基础上你可以构建你想要变革的文化的其他方面。

A Final Word
结语

文化在讲述故事。人们在传播它。这是你想让人们讲述的故事吗？

如果你想要构建积极型学校，驾驭持续的学校文化变革，很重要的是你要明白，文化更多的是发生在课间的走廊里以及教师们之间的非正式对话和故事，而不是与管理部门召开的宣布新的理念体系的正式会议。它就是这么简单，同时也是如此复杂。这些对话需要发生在恰当的时间，发生在合适的人之间，谈论的是恰当的内容。我们提供日程表、挑选教师的流程以及对话脚本。但就像100个人用相同的食谱烤蛋糕，你并不能保证最终大家做出来的是什么。如果有人向你打这种包票，赶紧离开。

布鲁纳（Bruner）告诉我们，文化是一种认知方式。超越我们的已知意味着变革文化。这意味着抛弃一些知识、习惯和癖性，重新定义什么是可能实现的事情。这是最好的教师、新教师，和一些异类带给我们的东西。

他们的天真和固执成为优点。学校文化应该尽力让他们融入进来，对此再怎么强调都不为过。在此之前，不要进行文化变革。

我们不应该认为学校文化没有发挥其功能。即使在最糟糕的学校，我们承认那里的文化存在问题，但文化依然在很好地发挥作用。如果文化不发挥作用了，它便无法影响人们的信念、态度或行为。文化总是会驱动一群人，他们为了一个共同的目标在一起度过很多时间。不幸的是，在一些学校，这个共同目标可能是个人留任或教师福利。如果领导者什么都不做，这些学校文化会陷入有害性。

我们希望这本书能给予领导者变革学校文化的信心，实现提高学生成绩，改善教师业绩，构建积极型学校的最终目标。本书的内容反映了我们和学校及学校领导团队共同努力的经验。随着我们对学校文化的了解越来越多，我们欢迎有机会继续这些探讨。

最后，如果你认为学校目前的文化阻碍了集体潜力的发挥，那么我们鼓励你接受这个挑战。有了解决这个问题的能力，你就有义务去解决它。变革文化需要付出比大多数人以为的更大的努力。我们与成功的领导者的接触显示，成功者通常是那些投入足够多的热情和动力，坚持到底的人。如果你对构建积极型学校充满热情，那么让这种执着成为你的超级力量。

About the Authors

作者介绍

史蒂夫·格鲁奈特（Steve Gruenert）是印第安纳州立大学（Indiana State University）的教授。他研究了20多年组织文化与氛围，随着这些概念的衍化，他还在不断学习并与其他研究者进行合作。他和托德·威特克尔合著了《学校文化重组：如何定义、评估和改变它》(*School Culture Rewired: How to Define, Assess, and Transform It*)、《给学校文化充电：如何增加员工和文化的活力》(*School Culture Recharged: Strategies to Energize Your Staff and Culture*)；他和里安·顿兰（Ryan Donlan）合著了《释放思维：校长如何引导右脑思维》(*Minds Unleashed: How Principals Can Lead the Right-Brained Way*)。他和妻子埃米莉（Emily）养育了三个女儿：詹妮弗（Jennifer）、麦肯琦（Mackenzi）和麦迪逊（Madison）。他的电子邮箱是：steve.gruenert@indstate.edu。

托德·威特克尔（Todd Whitaker）很幸运，可以把爱好和职业融合在一起。他是教育领域一流的演讲者，在密苏里大学（University of Missouri）担任教育领导学教授，还是印第安纳州立大学名誉教授。他之前曾经做过教师和校长，著述超过40部，包括《杰出的教师有什么不同之处》（*What Great Teachers Do Differently*）、《你的第一年》（*Your First Year*）、《改变猴子》（*Shifting the Monkey*）以及他和史蒂夫·格鲁奈特合著的一些书籍。威特克尔和他的妻子贝丝（Beth）养育了三个孩子：凯瑟琳（Katherine）、玛德琳（Madeline）和哈里森（Harrison）。

构建积极型学校的40条建议

1. 构建积极型学校，需要领导者深入校园，这种方式非常有助于提升学校管理。目前来看，这种管理方法无可替代。

◆◆◆

2. 优秀的学校领导者要想方设法与其他同样对工作充满热情的教育工作者交往，这一点很重要，因为他们都需要互相鼓励、启发和认可。

◆◆◆

3. 学校领导者在进行改革的过程中，不能仅仅通过命令或者预先设定的流程来强制推行，而是要悄悄地灌输给更高效的员工，让他们先参与进来。

◆◆◆

4. 合作就是对话，这种对话让新观点有了目标，增长集体效能，从而有助于实现更美好的未来。当教职人员为了共同目标走到一起时，他们会把事情做得更快更好。

◆◆◆

5. 领导者在推进任何新举措时，如果没有遇到阻力，甚至没有遭到白眼，那意味着在文化层面上没有做出任何改变。

6. 积极型学校的领导者不会专注于做出好的决定，他们的关注点在人的身上。这使得他们能够做出成功的决策。

---◆◆◆---

7. 构建积极型学校的过程中，领导者要懂得适时寻求教师的帮助。最好的领导者并不是那些想出最好主意的人，而是懂得如何利用别人提出的好主意的人。

---◆◆◆---

8. 一所优秀的学校会把学生的需求和热情放在第一位，而不是执着于满足成年人的兴趣和要求。

---◆◆◆---

9. 在改善学校文化的过程中，团队的氛围是最能说明问题的重要因素。当学校领导者着手开始改变学校文化时，他们可以通过观察氛围来了解情况是否得到了改善。

---◆◆◆---

10. 构建积极型学校的前提，是让教师们感觉到自己是整个学校的主人，而不只是他们所在班级的主人。若教师在实施校园项目时毫无激情，那么任何一个校园项目都不会收获巨大的成功。

11. 如果学校领导者能培养教师的能力，提升教师的自信，自然就会很少听到他们的抱怨。优秀的教师之所以好像很少抱怨学生的行为，是因为在他们的课堂上学生表现普遍比较好。

---◆◆◆---

12. 效能指的是产生效果的能力，它能大大提升自信。当教师们学到新东西，将它付诸行动，并使它发挥作用时，他们对这个过程的投入程度就会提升，也会对接下来的新理念保持开放的态度。

---◆◆◆---

13. 学校领导者应该有意识地想办法提升教师的自我价值感，无论以正式的方式还是以非正式的方式。学校领导者不仅要了解谁代表学校的未来、谁是最好的，而且一定要让教师们自己也知道。

---◆◆◆---

14. 教师们在接受领导者的观点之前要先信任领导者。所以，每一步都不要小看了人际关系和交往过程的重要性。

15. 学校不要只关注考试成绩，也要关注学生的参与度。当领导者做对了学校工作时，学生的考试成绩自然就会变好了。

---◆◆◆---

16. 当学校的教职人员拥有共同的核心价值观，并以此为基础做出决定时，积极型学校就会很容易产生。

---◆◆◆---

17. 当学校领导者坐在教室里时，他们就能感受到教师要做多少计划，要管理多少事情，就能感受到教师是多么有耐心。

---◆◆◆---

18. 当学校领导者倾听来自教师的声音时，他们就会建立起真正的信任。

---◆◆◆---

19. 积极型学校的领导者必须要建立积极的师生与家校关系，这需要引导家长参与到学校学习中来，更需要教师参与到家庭生活中。

---◆◆◆---

20. 个性驱使的变革往往靠不住。作为学校领导者，与其任由个性来主导变革，还不如把重点放在思想和价值观上，因为这两者不会被轻易否定或失效。

◆◆◆

21. 当学校领导者借助"外物"来推行一个新想法时，有时可能会忘记这些外物将来可能会消失，届时人们就会失去坚持新行为的动力。如果变革本身就是很棒的主意，那它就能自我推销。

◆◆◆

22. 构建积极型学校的过程中，领导者要随时从容应对计划之外的事情。学校里的每一天都充满了意外，也总会有事情被耽搁。最好的领导者会选择沉着、耐心地积极应对。

◆◆◆

23. 投入是一种内在的感受，它不能用金钱购买，也不能拿东西交换，威胁或贿赂也无法真正使人变得投入。如果没有信任与合作，教师们顶多在最后关头不得不屈从，但不会全身心投入新愿景。

◆◆◆

24. 作为领导者,如果你发现自己在向员工承诺美好的结果,那你可能不经意间触碰了他们的"怀疑按钮"。用迫在眉睫的危机进行威胁似乎是承诺美好结果的反面,但其实这两种策略都是用外部可能的结果来贿赂或恐吓人们,使他们屈从。屈从无法带来奉献与投入,而会扼杀奉献和投入。

---◆◆◆---

25. 真正的变革需要全身心的投入,做到全身心地投入没有捷径可走。

---◆◆◆---

26. 在各种场合代表学校发表看法的人往往是在学校里任职时间最长的人。这不一定是坏事。在具有积极文化的学校里,这些人在谈论学校的事情时通常会带着自豪感,会讲述过去的成功故事,描绘过去和现在教师们的积极形象。这些积极正面的故事有助于奠定积极文化的基础。

---◆◆◆---

27. 任何变革都会有执行不力的时候,也会有改进很明显的时候。作为领导者,只有心怀坚定的愿景,才能度过充满挑战的时期,这个愿景需要比它的使命更加强大。

28. 领导者的行为和价值观要保持一致。因为领导者宣扬关心什么并不重要，学校的每个人只要看看领导者把时间花在什么地方，就会知道他真正在乎的是什么。

◆◆◆

29. 如果学校领导者想马上失去他们的教师，那么他们大可吹嘘自己。如果他们想与教师建立很好的关系，那么他们应该舍得夸赞教师。

◆◆◆

30. 积极型学校不仅是由管理人员领导，也由教师领导。在优秀的学校中，每个人都有自己的愿景，都有自己的使命。

◆◆◆

31. 教师的"任务盘子"里不需要再添加任何别的东西，优秀的学校领导者永远不会忘记这些盘子有多重。

◆◆◆

32. 在学校改革过渡时期，如果教师们承担了风险，就会使他们变得容易受影响。对抗消极的同事并不是教师们的责任。如果有人不得不激怒少数负面的个体，那个人应该是学校领导者自己。

33. 当学校里受人尊敬的老员工提醒说某事行不通时,领导者一定不能彻底忽略它,反而应该静下心来,倾听学校文化的声音。

◆◆◆

34. 学校领导者无法独自进行积极型学校的构建,即使这个人有强大的魅力,当领导者是孤立的,文化就不会有什么新变化。

◆◆◆

35. 非正式的谈话胜过正式通知。教师们每天做的很多事情都承载着学校文化的价值观和信念。教师们在非正式交谈中谈论的内容,比他们在公众面前的任何表现都更能说明当前文化的价值观。

◆◆◆

36. 午餐时找几个学生来,和他们聊聊关于积极型学校的想法。如果领导者发现不用领导力书籍上的术语,或者不使用"文化"一词,就很难跟他们解释清楚,那就还需要进行更多的学习,充分内化这个概念。

◆◆◆

37. 学校领导者可以去参加令人激动的会议，但在颠覆当前的文化之前，要确保从会议上带回来的文化变革的最新理念真的能满足学校的独特需求——在可预见的未来，成功构建积极型学校。

---◆◆◆---

38. 过往的成功有可能会阻碍未来的变革，但它也可能表明过去的决策很好，意味着至少有一些被希望实现的文化已经存在了。过往的成功还能提供坚实的基础，在这个基础上，学校领导者可以构建想要变革的文化的其他方面。

---◆◆◆---

39. 如果领导者认为学校目前的文化阻碍了集体潜力的发挥，那么是时候接受这个挑战了。有了解决这个问题的能力，领导者就有义务去解决它。

---◆◆◆---

40. 变革文化需要付出比大多数人以为的更大的努力。我们与成功的领导者的接触显示，成功者通常是那些投入足够多的热情和动力，坚持到底的人。如果真的对构建积极型学校充满热情，那么让这种执着成为一种超级力量。

"常青藤"书系—中青文教师用书总目录

书名	书号	定价
特别推荐——从优秀到卓越系列		
从优秀教师到卓越教师：极具影响力的日常教学策略	9787515312378	33.80
从优秀教学到卓越教学：让学生专注学习的最实用教学指南	9787515324227	39.90
从优秀学校到卓越学校：他们的校长在哪些方面做得更好	9787515325637	59.90
卓越课堂管理（中国教育新闻网2015年度"影响教师的100本书"）	9787515331362	88.00
名师新经典/教育名著		
最难的问题不在考试中：先别教答案，带学生自己找到想问的事	9787515365930	48.00
在芬兰中小学课堂观摩研修的365日	9787515363608	49.00
马文·柯林斯的教育之道：通往卓越教育的路径（《中国教育报》2019年度"教师喜爱的100本书"，中国教育新闻网"影响教师的100本书"。朱永新作序，李希贵力荐）	9787515355122	49.80
如何当好一名学校中层：快速提升中层能力、成就优秀学校的31个高效策略	9787515346519	49.00
像冠军一样教学：引领学生走向卓越的62个教学诀窍	9787515343488	49.00
像冠军一样教学2：引领教师掌握62个教学诀窍的实操手册与教学资源	9787515352022	68.00
如何成为高效能教师	9787515301747	89.00
给教师的101条建议（第三版）（《中国教育报》"最佳图书"奖）	9787515342665	49.00
改善学生课堂表现的50个方法（入选《中国教育报》"影响教师的100本书"）	9787500693536	33.00
改善学生课堂表现的50个方法操作指南：小技巧获得大改变	9787515334783	39.00
美国中小学世界历史读本/世界地理读本/艺术史读本	9787515317397等	106.00
美国语文读本1-6	9787515314624等	252.70
和优秀教师一起读苏霍姆林斯基	9787500698401	27.00
快速破解60个日常教学难题	9787515339320	39.90
美国最好的中学是怎样的——让孩子成为学习高手的乐园	9787515344713	28.00
建立以学习共同体为导向的师生关系：让教育的复杂问题变得简单	9787515353449	33.80
教师成长/专业素养		
精益教育与可见的学习：如何用更精简的教学实现更好的学习成果	9787515368672	59.00
教学这件事：感动几代人的教师专业成长指南	9787515367910	49.00
如何更快地变得更好：新教师90天培训计划	9787515365824	59.90
让每个孩子都发光：赋能学生成长、促进教师发展的KIPP学校教育模式	9787515366852	59.00
60秒教师专业发展指南：给教师的239个持续成长建议	9787515366739	59.90
通过积极的师生关系提升学生成绩：给教师的行动清单	9787515356877	49.00
卓越教师工具包：帮你顺利度过从教的前5年	9787515361345	49.00
可见的学习与深度学习：最大化学生的技能、意志力和兴奋感	9787515361116	45.00
学生教给我的17件重要的事：带给你爱、勇气、坚持与创意的人生课堂	9787515361208	39.80
教师如何持续学习与精进	9787515361109	39.00
从实习教师到优秀教师	9787515358673	39.90
像领袖一样教学：改变学生命运，使学生变得更好（中国教育新闻网2015年度"影响教师的100本书"）	9787515355375	49.00
你的第一年：新教师如何生存和发展	9787515351599	33.80
教师精力管理：让教师高效教学，学生自主学习	9787515349169	28.00
如何使学生成为优秀的思考者和学习者：哈佛大学教育学院课堂思考解决方案	9787515348155	49.90
反思性教学：一个已被证明能让教师做到更好的培训项目（30周年纪念版）	9787515347837	59.90
凭什么让学生服你：极具影响力的日常教育策略（中国教育新闻网2017年度"影响教师的100本书"）	9787515347554	28.00
运用积极心理学提高学生成绩（中国教育新闻网2017年度"影响教师的100本书"）	9787515345680	59.90
可见的学习与思维教学：成长型思维教学的54个教学资源：教学资源版	9787515354743	36.00

	书名	书号	定价
★	可见的学习与思维教学：让教学对学生可见，让学习对教师可见（中国教育报2017年度"教师最喜爱的100本书"）	9787515345000	39.90
	教学是一段旅程：成长为卓越教师你一定要知道的事	9787515344478	39.00
	安奈特·布鲁肖写给教师的101首诗	9787515340982	35.00
	万人迷老师养成宝典学习指南	9787515340784	28.00
	中小学教师职业道德培训手册：师德的定义、养成与评估	9787515340777	32.00
	成为顶尖教师的10项修炼（中国教育新闻网2015年度"影响教师的100本书"）	9787515334066	49.90
★	T.E.T.教师效能训练：一个已被证明能让所有年龄学生做到最好的培训项目（30周年纪念版）（中国教育新闻网2015年度"影响教师的100本书"）	9787515332284	49.00
	教学需要打破常规：全世界最受欢迎的创意教学法（中国教育新闻网2015年度"影响教师的100本书"）	9787515331591	45.00
	给幼儿教师的100个创意：幼儿园班级设计与管理	9787515330310	39.90
	给小学教师的100个创意：发展思维能力	9787515327402	29.00
	给中学教师的100个创意：如何激发学生的天赋和特长／杰出的教学／快速改善学生课堂表现	9787515330723等	87.90
	以学生为中心的翻转教学11法	9787515328386	29.00
	如何使教师保持职业激情	9787515305868	29.00
★	如何培训高效能教师：来自全美权威教师培训项目的建议	9787515324685	39.90
	良好教学效果的12试金石：每天都需要专注的事情清单	9787515326283	29.90
★	让每个学生主动参与学习的37个技巧	9787515320526	45.00
	给教师的40堂培训课：教师学习与发展的最佳实操手册	9787515352787	39.90
	提高学生学习效率的9种教学方法	9787515310954	27.80
★	优秀教师的课堂艺术：唤醒快乐积极的教学技能手册	9787515342719	26.00
★	万人迷老师养成宝典（第2版）（入选《中国教育报》"2010年影响教师的100本书"）	9787515342702	39.00
	高效能教师的9个习惯	9787500699316	26.00
课堂教学/课堂管理			
★	像行为管理大师一样管理你的课堂：给教师的课堂行为管理解决方案	9787515368108	59.00
	差异化教学与个性化教学：未来多元课堂的智慧教学解决方案	9787515367095	49.90
	如何设计线上教学细节：快速提升线上课程在线率和课堂学习参与度	9787515365886	49.00
	设计型学习法：教学与学习的重新构想	9787515366982	59.00
	让学习真正在课堂上发生：基于学习状态、高度参与、课堂生态的深度教学	9787515366975	49.00
	让教师变得更好的75个方法：用更少的压力获得更快的成功	9787515365831	49.00
	技术如何改变教学：使用课堂技术创造令人兴奋的学习体验，并让学生对学习记忆深刻	9787515366661	49.00
	课堂上的问题形成技术：老师怎样做，学生才会提出好的问题	9787515366401	45.00
	翻转课堂与项目式学习	9787515365817	45.00
★	优秀教师一定要知道的19件事：回答教师核心素养问题，解读为什么要向优秀者看齐	9787515366630	39.00
	从作业设计开始的30个创意教学法：运用互动反馈循环实现深度学习	9787515366364	59.00
	基于课堂中精准理解的教学设计	9787515365909	49.00
	如何创建培养自主学习者的课堂管理系统	9787515365879	49.00
	如何设计深度学习的课堂：引导学生学习的176个教学工具	9787515366715	49.90
	如何提高课堂创意与参与度：每个教师都可以使用的178个教学工具	9787515365763	49.90
	如何激活学生思维：激励学生学习与思考的187个教学工具	9787515365770	49.90
	男孩不难教：男孩学业、态度、行为问题的新解决方案	9787515364827	49.00
★	高度参与的线上线下融合式教学设计：极具影响力的备课、上课、练习、评价项目教学法	9787515364438	49.00
★	跨学科项目式教学：通过"+1"教学法进行计划、管理和评估	9787515361086	49.00
	课堂上最重要的56件事	9787515360775	35.00
★	全脑教学与游戏教学法	9787515360690	39.00

书名	书号	定价
深度教学：运用苏格拉底式提问法有效开展备课设计和课堂教学	9787515360591	49.90
一看就会的课堂设计：三个步骤快速构建完整的课堂管理体系	9787515360584	39.90
如何有效激发学生学习兴趣	9787515360577	38.00
如何解决课堂上最关键的9个问题	9787515360195	49.00
多元智能教学法：挖掘每一个学生的最大潜能	9787515359885	39.90
探究式教学：让学生学会思考的四个步骤	9787515359496	39.00
课堂提问的技术与艺术	9787515358925	49.00
如何在课堂上实现卓越的教与学	9787515358321	49.00
基于学习风格的差异化教学	9787515358437	39.90
如何在课堂上提问：好问题胜过好答案	9787515358253	39.00
高度参与的课堂：提高学生专注力的沉浸式教学	9787515357522	39.90
让学习变得有趣	9787515357782	39.00
如何利用学校网络进行项目式学习和个性化学习	9787515357591	39.90
基于问题导向的互动式、启发式与探究式课堂教学法	9787515356792	49.00
如何在课堂中使用讨论：引导学生讨论式学习的60种课堂活动	9787515357027	38.00
如何在课堂中使用差异化教学	9787515357010	39.90
如何在课堂中培养成长型思维	9787515356754	39.90
每一位教师都是领导者：重新定义教学领导力	9787515356518	39.90
教室里的1-2-3魔法教学：美国广泛使用的从学前到八年级的有效课堂纪律管理	9787515355986	39.90
如何在课堂中使用布卢姆教育目标分类法	9787515355658	39.00
如何在课堂上使用学习评估	9787515355597	39.00
7天建立行之有效的课堂管理系统：以学生为中心的分层式正面管教	9787515355269	29.90
积极课堂：如何更好地解决课堂纪律与学生的冲突	9787515354590	38.00
设计智慧课堂：培养学生一生受用的学习习惯与思维方式	9787515352770	39.00
追求学习结果的88个经典教学设计：轻松打造学生积极参与的互动课堂	9787515353524	39.00
从备课开始的100个课堂活动设计：创造积极课堂环境和学习乐趣的教师工具包	9787515353432	33.80
老师怎么教，学生才能记得住	9787515353067	48.00
多维互动式课堂管理：50个行之有效的方法助你事半功倍	9787515353395	39.80
智能课堂设计清单：帮助教师建立一套规范程序与做事方法	9787515352985	49.90
提升学生小组合作学习的56个策略：让学生变得专注、自信、会学习	9787515352954	29.90
快速处理学生行为问题的52个方法：让学生变得自律、专注、爱学习	9787515352428	39.00
王牌教学法：罗恩·克拉克学校的创意课堂	9787515352145	39.80
让学生快速融入课堂的88个趣味游戏：让上课变得新颖、紧凑、有成效	9787515351889	39.00
如何调动与激励学生：唤醒每个内在学习者（李希贵校长推荐全校教师研读）	9787515350448	39.80
合作学习技能35课：培养学生的协作能力和未来竞争力	9787515340524	59.00
基于课程标准的STEM教学设计：有趣有料有效的STEM跨学科培养教学方案	9787515349879	68.00
如何设计教学细节：好课堂是设计出来的	9787515349152	39.00
15秒课堂管理法：让上课变得有料、有趣、有秩序	9787515348490	49.00
混合式教学：技术工具辅助教学实操手册	9787515347073	39.80
从备课开始的50个创意教学法	9787515346618	39.00
中学生实现成绩突破的40个引导方法	9787515345192	33.00
给小学教师的100个简单的科学实验创意	9787515342481	39.00
老师如何提问，学生才会思考	9787515341217	49.00
教师如何提高学生小组合作学习效率	9787515340340	39.00
卓越教师的200条教学策略	9787515340401	49.90
中小学生执行力训练手册：教出高效、专注、有自信的学生	9787515335384	49.90

	书名	书号	定价
	从课堂开始的创客教育：培养每一位学生的创造能力	9787515342047	33.00
	提高学生学习专注力的8个方法：打造深度学习课堂	9787515333557	35.00
	改善学生学习态度的58个建议	9787515324067	36.00
★	全脑教学（中国教育新闻网2015年度"影响教师的100本书"）	9787515323169	38.00
★	全脑教学与成长型思维教学：提高学生学习力的92个课堂游戏	9787515349466	39.00
★	哈佛大学教育学院思维训练课：让学生学会思考的20个方法	9787515325101	59.90
	完美结束一堂课的35个好创意	9787515325163	28.00
	如何更好地教学：优秀教师一定要知道的事	9787515324609	49.90
	带着目的教与学	9787515323978	39.90
★	美国中小学生社会技能课程与活动（学前阶段/1-3年级/4-6年级/7-12年级）	9787515322537等	215.70
	彻底走出教学误区：开启轻松智能课堂管理的45个方法	9787515322285	28.00
	破解问题学生的行为密码：如何教好焦虑、逆反、孤僻、暴躁、早熟的学生	9787515322292	36.00
	13个教学难题解决手册	9787515320502	28.00
★	让学生爱上学习的165个课堂游戏	9787515319032	39.00
	美国学生游戏与素质训练手册：培养孩子合作、自尊、沟通、情商的103种教育游戏	9787515325156	49.00
	老师怎么说，学生才会听	9787515312057	39.00
	快乐教学：如何让学生积极与你互动（入选《中国教育报》"影响教师的100本书"）	9787500696087	29.00
★	老师怎么教，学生才会提问	9787515317410	29.00
★	快速改善课堂纪律的75个方法	9787515313665	28.00
	教学可以很简单：高效能教师轻松教学7法	9787515314457	39.00
	好老师可以避免的20个课堂错误（入选《中国教育报》"影响教师的100图书"）	9787500688785	39.90
★	好老师应对课堂挑战的25个方法（《给教师的101条建议》作者新书）	9787500699378	25.00
★	好老师激励后进生的21个课堂技巧	9787515311838	39.80
★	开始和结束一堂课的50个好创意	9787515312071	29.80
	好老师因材施教的12个方法（美国著名教师伊莉莎白"好老师"三部曲）	9787500694847	22.00
★	如何打造高效能课堂	9787500680666	29.00
	合理有据的教师评价：课堂评估衡量学生进步	9787515330815	29.00
班主任工作/德育			
★	北京四中8班的教育奇迹	9787515321608	36.00
★	师德教育培训手册	9787515326627	29.80
	中小学教师职业道德培训手册：师德的定义、养成与评估	9787515340777	32.00
★	好老师征服后进生的14堂课（美国著名教师伊莉莎白"好老师"三部曲）	9787500693819	39.90
	优秀班主任的50条建议：师德教育感动读本（《中国教育报》专题推荐）	9787515305752	23.00
学校管理/校长领导力			
	如何构建积极型学校	9787515368818	49.90
	卓越课堂的50个关键问题	9787515366678	39.00
	如何培育卓越教师：给学校管理者的行动清单	9787515357034	39.00
★	学校管理最重要的48件事	9787515361055	39.80
	重新设计学习和教学空间：设计利于活动、游戏、学习、创造的学习环境	9787515360447	49.90
	重新设计一所好学校：简单、合理、多样化地解构和重塑现有学习空间和学校环境	9787515356129	49.00
	让樱花绽放英华	9787515355603	79.00
	学校管理者平衡时间和精力的21个方法	9787515349886	29.90
	校长引导中层和教师思考的50个问题	9787515349176	29.00
	如何定义、评估和改变学校文化	9787515340371	29.80
	优秀校长一定要做的18件事（入选《中国教育报》"2009年影响教师的100本书"）	9787515342733	39.90

书名	书号	定价
学科教学/教科研		
中学古文观止50讲：文言文阅读能力提升之道	9787515366555	59.90
完美英语备课法：用更短时间和更少材料让学生高度参与的100个课堂游戏	9787515366524	49.00
人大附中整本书阅读取胜之道：让阅读与作文双赢	9787515364636	59.90
北京四中语文课：千古文章	9787515360973	59.00
北京四中语文课：亲近经典	9787515360980	59.00
从备课开始的56个英语创意教学：快速从小白老师到名师高手	9787515359878	49.90
美国学生写作技能训练	9787515355979	39.90
《道德经》妙解、导读与分享（诵读版）	9787515351407	49.00
京沪穗江浙名校名师联手教你：如何写好中考作文	9787515356570	49.00
京沪穗江浙名校名师联手授课：如何写好高考作文	9787515356686	49.80
人大附中中考作文取胜之道	9787515345567	39.80
人大附中高考作文取胜之道	9787515320694	49.90
人大附中学生这样学语文：走近经典名著	9787515328959	49.90
四界语文（入选《中国教育报》2017年度"教师喜爱的100本书"）	9787515348483	49.00
让小学一年级孩子爱上阅读的40个方法	9787515307589	39.90
让学生爱上数学的48个游戏	9787515326207	26.00
轻松100课教会孩子阅读英文	9787515338781	88.00
情商教育/心理咨询		
9节课，教你读懂孩子：妙解亲子教育、青春期教育、隔代教育难题	9787515351056	39.80
学生版盖洛普优势识别器（独一无二的优势测量工具）	9787515350387	169.00
与孩子好好说话（获"美国国家育儿出版物（NAPPA）金奖"）	9787515350370	39.80
中小学心理教师的10项修炼	9787515309347	36.00
别和青春期的孩子较劲（增订版）（入选《中国教育报》"2009年影响教师的100本书"）	9787515343075	39.90
100条让孩子胜出的社交规则	9787515327648	28.00
守护孩子安全一定要知道的17个方法	9787515326405	32.00
幼儿园/学前教育		
中挪学前教育合作式学习：经验·对话·反思	9787515364858	79.00
幼小衔接听读能力课	9787515364643	33.00
用蒙台梭利教育法开启0～6岁男孩潜能	9787515361222	45.00
德国幼儿的自我表达课：不是孩子爱闹情绪，是她/他想说却不会说！	9787515359458	59.00
德国幼儿教育成功的秘密：近距离体验德国学前教育理念与幼儿园日常活动安排	9787515359465	49.80
美国儿童自然拼读启蒙课：至关重要的早期阅读训练系统	9787515351933	49.80
幼儿园30个大主题活动精选：让工作更轻松的整合技巧	9787515339627	39.80
美国幼儿教育活动大百科：3-6岁儿童学习与发展指南用书 科学/艺术/健康与语言/社会	9787515324265等	600.00
蒙台梭利早期教育法：3-6岁儿童发展指南（理论版）	9787515322544	29.80
蒙台梭利儿童教育手册：3-6岁儿童发展指南（实践版）	9787515307664	33.00
自由地学习：华德福的幼儿园教育	9787515328300	49.90
赞美你：奥巴马给女儿的信	9787515303222	19.90
史上最接地气的幼儿书单	9787515329185	39.80
教育主张/教育视野		
重新定义学习：如何设计未来学校与引领未来学习	9787515367484	49.90
教育新思维：帮助孩子达成目标的实战教学法	9787515365848	49.00
学习是如何发生的：教育心理学中的开创性研究及其实践意义	9787515366531	59.90
父母不应该错过的犹太人育儿法	9787515365688	59.00

	书名	书号	定价
	如何在线教学：教师在智能教育新形态下的生存与发展	9787515365855	49.00
	正向养育：黑幼龙的慢养哲学	9787515365671	39.90
	颠覆教育的人：蒙台梭利传	9787515365572	59.90
	如何科学地帮助孩子学习：每个父母都应知道的77项教育知识	9787515368092	59.00
	学习的科学：每位教师都应知道的99项教育研究成果（升级版）	9787515368078	59.90
	学习的科学：每位教师都应知道的77项教育研究成果	9787515364094	59.00
	真实性学习：如何设计体验式、情境式、主动式的学习课堂	9787515363769	49.00
	哈佛前1%的秘密（俞敏洪、成甲、姚梅林、张梅玲推荐）	9787515363349	59.90
	基于七个习惯的自我领导力教育设计：让学校育人更有道，让学生自育更有根	9787515362809	69.00
	终身学习：让学生在未来拥有不可替代的决胜力	9787515360560	49.90
	颠覆性思维：为什么我们的阅读方式很重要	9787515360393	39.90
	如何教学生阅读与思考：每位教师都需要的阅读训练手册	9787515359472	39.00
	成长型教师：如何持续提升教师成长力、影响力与教育力	9787515368689	48.00
	教出阅读力	9787515352800	39.90
	为学生赋能：当学生自己掌控学习时，会发生什么	9787515352848	33.00
	如何用设计思维创意教学：风靡全球的创造力培养方法	9787515352367	39.80
	如何发现孩子：实践蒙台梭利解放天性的趣味游戏	9787515325750	32.00
	如何学习：用更短的时间达到更佳效果和更好成绩	9787515349084	49.00
	教师和家长共同培养卓越学生的10个策略	9787515331355	27.00
★	如何阅读：一个已被证实的低投入高回报的学习方法	9787515346847	39.00
★	芬兰教育全球第一的秘密（钻石版）(《中国教育报》等主流媒体专题推荐)	9787515359922	59.00
	世界最好的教育给父母和教师的45堂必修课(《芬兰教育全球第一的秘密》2)	9787515342696	28.00
★	杰出青少年的7个习惯（精英版）	9787515342672	39.00
	杰出青少年的7个习惯（成长版）	9787515335155	29.00
★	杰出青少年的6个决定（领袖版）(全国优秀出版物奖)	9787515342658	49.90
	7个习惯教出优秀学生（第2版）(全球畅销书《高效能人士的七个习惯》教师版)	9787515342573	39.90
	学习的科学：如何学习得更好更快（入选中国教育网2016年度"影响教师的100本书"）	9787515341767	39.80
	杰出青少年构建内心世界的5个坐标（中国青少年成长公开课）	9787515314952	59.00
★	跳出教育的盒子（第2版）(美国中小学教学经典畅销书)	9787515344676	35.00
	夏烈教授给高中生的19场讲座	9787515318813	29.90
★	学习之道：美国公认经典学习书	9787515342641	39.00
	翻转学习：如何更好地实践翻转课堂与慕课教学（中国教育新闻网2015年度"影响教师的100本书"）	9787515334837	32.00
	翻转课堂与慕课教学：一场正在到来的教育变革	9787515328232	26.00
	翻转课堂与混合式教学：互联网+时代，教育变革的最佳解决方案	9787515349022	29.80
	翻转课堂与深度学习：人工智能时代，以学生为中心的智慧教学	9787515351582	29.80
★	奇迹学校：震撼美国教育界的教学传奇（中国教育新闻网2015年度"影响教师的100本书"）	9787515327044	36.00
★	学校是一段旅程：华德福教师1-8年级教学手记	9787515327945	49.00
★	高效能人士的七个习惯（30周年纪念版）(全球畅销书)	9787515360430	79.00

您可以通过如下途径购买：
1. 书　　店：各地新华书店、教育书店。
2. 网上书店：当当网（www.dangdang.com）、天猫（zqwts.tmall.com）、京东网（www.jd.com）。
3. 团　　购：各地教育部门、学校、教师培训机构、图书馆团购，可享受特别优惠。
　 购书热线：010-65511272 / 65516873